Divriği Yapı Topluluğu
Bir 13. Yüzyıl Anadolu Aşk Hikâyesi

Erdal Eser

ISBN-10: 197412519X
ISBN-13: 978-1974125197

ADAYIŞ

Mustafa-Hacer ve Erol Eser'e;
emekleri ve anıları için minnetle

İÇİNDEKİLER

BAŞLARKEN

Elinizdeki bu küçük kitapçığın çıkış noktası, *Bir Mucizenin Düşündürdükleri* adı ile Hayat Ağacı. Şehir Kültür Dergisi, Divriği Özel Sayısında yayımlanan makaledir. Adı geçen çalışmada, yapı topluluğuna ait bazı sorunlara değinilmeye çalışılmış ve bunlarla ilgili görüşlerimiz sunulmuştur. Bu çalışma, bazı yeni soru ve görüşlerin eklenmesi ile oluşturulmuştur. Son bölüme eklenen geniş İngilizce özetin de olası evrensel okuyucular için faydalı olacağı düşünülmüştür.

Yapı topluluğunun geçtiğimiz yıl onarım sürecine girmiş olması, dikkatlerin yine üzerine çekilmesine neden olmuştur. Uzun süreceği belirtilen, sabırlı ve dikkatli bir müdahale anlayışının varlığı hissedilmektedir. Bu yaklaşım, yapı adına ümit vericidir.

Elinizdeki bu küçük kitapçıkta yapının tanıtımı amaçlanmamaktadır. Yazılmasında, konu ile ilgili yapılmış tüm çalışma ve araştırmaların katkısı yadsınamaz derecededir. Bu nedenle, günümüze gelene değin yapının tanıtımı ve değerlendirilmesinde emeği geçen herkese teşekkür etmek, bizim için zevkli bir görevdir.

Yeni araştırmalar ve daha derin tartışmalara yol açması dileği ile.

Erdal Eser
Sivas 2017

1 GİRİŞ

1228-29 yılında Divriği'de inşa edilen ve kitabesinde *Mescid-i Cami* olarak isimlendirilen yapı, Anadolu Türk kültür tarihi için olduğu kadar dünya kültür tarihi açısından da oldukça önemli bir eserdir.[1] Yapının önemi ve değeri, 1984 yılında Dünya Miras Alanı olarak tescillenmesine neden olmuştur. Bu statüsü de hala devam etmektedir.

Yapı grubunun bu kadar önemli olmasının arkasında yatan ana neden, çok zengin olmakla birlikte kapalı bir çevrede inşa edilmesine rağmen nerede ise tüm 13. Yüzyıla damgasını vurmuş olmasıdır. Cami, şifaiye ve bani türbesinden oluşan bir yapı topluluğu halinde inşa edilen eser, döneminin üstün malzeme-teknik özelliklerini

---

[1] Yapının kuzey kapısında buluna inşa kitabesi (Sakaoğlu, 2005: 312), inşaata 1228-29 yılında başlandığını belirtiyor olmakla birlikte Kuban (1999: 40)'ta, inşaatın başlangıcının 1220'li yılların başına götürmenin daha doğru olacağı kanısındadır ve 1228-29'u, Ulucaminin bitiş tarihi olarak kabul eder (1999: 160). Yakın bir görüş, daha önce Arel (1962: 104) tarafından: kuzey kapı inşasının 1223-25, batı kapısının 1228'de başlayıp bitirildiği şeklinde ifade edilmiştir. Kitabede yer alan ifade ve I. Alâeddin Keykubad'ın adının kitabede yer almasına neden olan tarihsel ortam düşünüldüğünde bu mümkün görünmez.

1

yansıtmaktadır. Başta taç kapıları olmak üzere, destek sistemleri ve örtüleri; Selçuklu Anadolusu'nda görülmeyen ve daha sonra da uzun süre tekrar edilmeyecek ender bir üslupla inşa edilmişlerdir. Divriği yapı topluluğunu oluşturan ögelerde ulaşılan motif, kompozisyon ve teknik özelliklere, Anadolu'nun diğer bölgelerinde ancak 1270'lerden sonra ulaşılabilecektir. Bu da yapının taşıdığı sanatsal değerin ne kadar ünik ve eşsiz olduğunun önemli göstergelerinden birisidir.

Yapı anılan önemi nedeni ile seyyahlar, tarihçiler, mimarlık tarihçileri ve sanat tarihçileri tarafından çok sayıda çalışmada konu olarak ele alınmıştır. Bu araştırmalar nedeni ile geniş bir çevre tarafından tanındığı için elinizdeki kitap kapsamında, daha önce ulaşılmış sonuçlar tek tek ele alınmayacaktır. Ancak ilgili anlarda bu sonuç ve görüşlere yer verilecektir.

Bu kitabın amacı, Divriği Yapı Topluluğunun tanıtımı değildir.[2] Yapılar günümüze gelene değin çok sayıda çalışmanın konusunu oluşturmuş ya da içerisinde yer almıştır.[3] Günümüze gelene kadar elde edilen verilerin

---

[2] Bir Mucizenin Düşündürdükleri adı ile Hayat Ağacı. Şehir Kültür Dergisi, Özel Sayı, 19 (2012), Sivas: 55-62'de yayımlanan makalenin genişletilmiş halidir.

[3] Divriği ile ilgili bilgi içeren araştırmalardan bazıları şunlardır; Strabon , *Geographica/ Coğrafya*, XII/I,II,III, (çev. A.Pekman), İÜ.Ed.Fak, İstanbul 1969, XII, 8; Kâtip Çelebi, *Cihannüma*, Müteferrika Tabı, İstanbul (1145/1729), s.624-625; W.F. Ainsworth, *Travels and Researches in Asia Minor, Mesopotamia, Chaldes and Armenia*, II, Londra 1842, s.8; M. V. de Saint-Martin, *Description Historique et Geographique de L'Asie Mineure*, II, Paris 1852, s.577-578; C. Ritter, "Divrigi", *Die Erdkunde*, X, Berlin 1859, s. 795-799, bil.s.795-797; V. Cuinet, *La Turqui d'Asie, Geographie administrative statistique descriptive Et raisonne de chanque province de L'Asie-Mineure*, I, Paris 1892, s.687-688; M.F. Grenard, "Notes Sur les Monuments du Moyen âge Malatia, Divrighi, Siwas, Darendeh, Amasia et Tokat", *Societe Asiatique*, XVII, Paris 1891, s.549-553, bil.s.554-555; Şemseddin Sami , *Kamusu'l Âlam, Tarih ve Coğrafya Lügâti*, III, Mihran Matbaası, İstanbul 1892, s.2220; V.W. Yorke,"A Journey in the Valley of the Upper Euphrates", *Geographical Journal*, VIII, 1896, s.453; Evliya

tekrarı yerine, belki çoğu araştırmacı ve izleyen tarafından da merak edilen bazı hususların belirtilmesinin daha yararlı olacağı değerlendirilmiştir.

Üzerinde durularak değerlendirilmeye çalışılan soru ve konular şunlardır: 1- Yapı Topluluğunun Konumu; 2-Cami-Darüşşifa İlişkisi; 3-Kitabeler ve Kültür Tarihi Açısından Önemleri; 4-Plan Hakkında; 5-Duvar Tekniği Hakkında; 6-Batı Kapının Eğimli Yapısı; A-Yapısal Farklılaştırma, B-Yazılı İfade-Mesaj ile Farklılaştırma, C-Süsleme ve İkonografik Mesaj ile Farklılaştırma, D-Batı Kapı Kaidesi ve Düşündürdükleri; 7-Batı Kapıda İnsan Gölgesi; 8-Sembolizm; 9-Neden Divriği? 10. Yapı Topluluğu Hakkında Yeni Bir Görüş ve 11. Bitirirken

İlgili sorulara verilen yanıtlarla birlikte, görsel tanıtıma katkı sağlamak amacı ile az sayıda çizim ve fotoğraf da eklenmiştir.[4]

Çelebi , *Seyahatname*, II-III, İkdam Matbaaası, Dersaadet 1898, s.211-214; M. van Berchem, *Materiaux Pour Des Corpus Inscriptionum Arabicarum*, Le Caire 1910, III, lev.5; A.D. Mordtmann, *Anatolien, Skizzen und Reisebriefe aus Kleinasien (1850-1859)*, Hannover 1925, s.442; A. Gabriel, *Monuments Turcs d'Anatolie*, II, Paris 1934; A.S. Ülgen, "Divriği'nin Şehircilik ve Anıtları Yönünden İncelenmesi", *Mimarlık*, 5/6, Ankara 1948, s.33-37; W.M. Ramsay, *Anadolu'nun Tarihi Coğrafyası*, (Çev.M.Pektaş), M.E. Basımevi, İstanbul 1961; Önge ve diğerleri , *Divriği Ulu Camii ve Darüşşifası*, Vakıflar Genel Müdürlüğü Yayınları, Ankara 1978; A. Durukan ve M. S. Ünal, *Anadolu Selçuklu Dönemi Sanatı Bibliyografyası*, Atatürk Kültür Merkezi Yayını, Ankara 1994; Sakaoğlu, *Türk Anadolu'da Mengücekoğulları*, Yapı Kredi Yayınları, İstanbul 2005, s.189-238.
[4] Yapı ile ilgili en önemli çalışma kuşkusuz D. Kuban, *Divriği Mucizesi. Selçuklular Çağında İslâm Bezeme Sanatı Üzerine Bir Deneme*, Yapı Kredi Yayınları, İstanbul, 1999'dur. Araştırmacı, *üzerinde yapılan yayınlar da bu olağanüstü yapıyı bütün karmaşıklığı ve eşsiz bezemesi ile tanıtmaktan uzaktır* (Kuban, 1999: 39) demektedir. Bu tespit hala geçerliliğini korumaktadır.

2-Yapı Topluluğunun Konumu

Tartışılması gereken ilk konu, Yapı topluluğunun konumudur. Bazı servis yapıları ile birlikte Mengücekli sarayının, yakın çevrede ve özellikle de doğu bölümde olduğu düşünülmektedir.[5] Öncelikle, İslâm kent modeli içerisinde Ulu Camiler, daima ticari doku içerisinde yer almaktadırlar. Ulu Caminin bulunduğu alan kentin ticari merkezini vurgular. Divriği'de durum farklıdır ve bu bölümde, Şifaiye nedeni ile bir kent dokusu beklentisi günümüz bilgileri ile doğru değildir.[6] Sağlık yapıları daima kent dokusu dışına inşa edilmektedirler. Bugün konut dokuları ile çevrilmiş olan sağlık yapıları, Orta Çağ kentlerinin dışında ancak yakın mesafede inşa ediliyorlardı.[7] Bitişiğindeki sağlık yapısı nedeni ile Ulu Camii'nin, çok uzak olmasa da kente hâkim noktada ve etrafında yapı bulunmaksızın inşa edilmiş olması gerekmektedir.[8] Konum hakkında şunu da söylemek mümkündür; şifahane inşa

---

[5] Sakaoğlu (2005: 449)'da Mengücekli sarayını, Ulu Cami ile kale arasına yerleştirir. Devlethane, ulu caminin doğusundaydı ve sarayla camiyi de bir sokak ayırmaktaydı demektedir. Hatta yer seçiminde de sarayın konumunun rol oynadığını belirtir. Yukarıda belirtilen nedenlerle bu görüşleri mümkün göremiyoruz.

[6] Sivas Arkeoloji Müzesi uzmanları tarafından yapının bu bölümünde yapılan kazılar sırasında, üst seviyede açığa çıkarılan kalıntılar geç dönemde gerçekleşen yapılaşmayla ilgilidir. Adı geçen yapılaşma, Van Berchem ve Halil Edhem tarafından yayımlanan bir fotoğrafta bir bölümü yıkılmış harabe halindeki konutlardır (1910: Levha XXXIV).

[7] Bu konuda Kayseri Gevher Nesibe Külliyesi ve Sivas I. İzzeddin Keykavus Darüşşifası örnek olarak verilebilir. Daha sonradan her iki yapı da kent dokusu içerisinde kalmıştır.

[8] Yapı topluluğunun konumuna ilişkin olarak Önge (1978: 33)'te şu değerlendirmeyi yapar: *Bir zamanlar çok kesif iskân edilmiş bir yerde bulunduğunu tahmin ettiğimiz Ulu Cami ile Darüşşifa, bugün Divriği'nin kısmen metruk bir kenar mahallesinde kalmıştır. Nitekim eski yerleşme yerlerine ait bazı izler, yer yer tümsekler ve çukurlar halinde cami ve darüşşifa çevresinde görülmektedir* (Önge, 1978: 33). Konu ile ilgili olarak, yukarıda bkz. Not 7.

edilen yerlerin havası kent içerisindeki diğer yerlere oranla daha temiz ve sağlıklıdır. Yer seçimi tesadüfî değil, belli kurallar çerçevesinde gerçekleşmektedir ki, kuşkusuz Divriği örneği için de bu geçerlidir.[9]

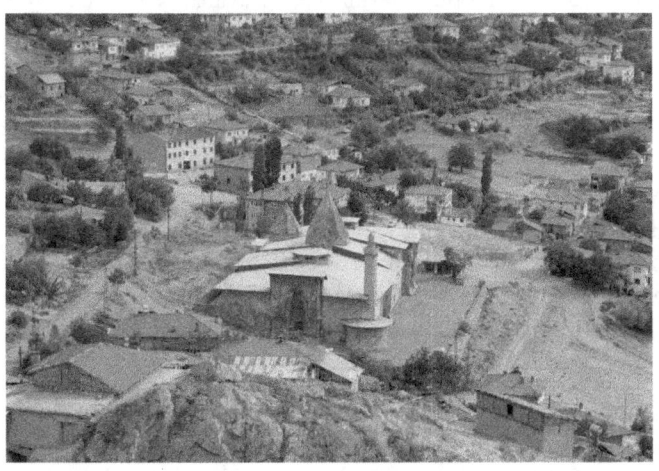

Divriği Yapı Topluluğu, Kuzeyden Genel Görünüm

---

[9] Kuşkusuz yer seçimi yapılırken, zemin konusuna da dikkat edilmektedir. Uzun yıllardır yapının zemini konusundaki bilinmeyenler, geçtiğimiz yıllarda yapılan dijital takiple kısmen de olsa yanıtlara ulaşılmasını sağlamıştır. Zemin konusunda kısa bir değerlendirme için bkz. E. Eser, "Divriği Mucizesi Üzerine", *Divriği Haber,* 1 Temmuz 2008, s.8.

3- Cami-Darüşşifa İlişkisi

Benzer örneklerden hareketle konuya bakıldığında, ibadet-sağlık yapısı birlikteliği, rasyonel bir kurgu örneği yansıtmamaktadır. Şifahaneler, bilinen örnekleri ile ya bağımsız olarak ya da bitişiklerinde yer alan bir medrese ile birlikte inşa edilmektedirler.[10] Divriği'de karşımıza çıkan cami-şifaiye ilişkisi bu anlamda tek örnek olarak dikkat çekmektedir.[11] Konuya ilişkin çeşitli açıklama önerileri söz konusu olmakla birlikte, ikna edici düzeyde olmadıkları için sürekli ele alınmaktadır. Öncelikle bir arada bulunan yapılara göz atmak yararlı olacaktır. Cami, Şifahane ve Türbe.[12] Banilerin gömülecekleri mezar mekânlarını, inşa ettirdikleri yapı içerisine ya da bitişiğine yerleştirtmeleri, Hz. Muhammed günlerine kadar uzanan bir geleneğin devamıdır. Hz. Muhammed'in, ilk cami olarak da kullanılmış olan evinin odalarından birine defnedilmiş olması, inşa ettirdikleri yapılara gömülmek isteyen banilerin ortaya çıkmasına neden olmuştur. Peygamber yolu izlenmektedir.

---

[10] En çok tanınan ve yayınlara konu olan darüşşifalar şunlardır: Mardin Emineddin Darüşşifası (1108-1122); Kayseri Gevher Nesibe Darüşşifası ve Tıp Medresesi (1205); Sivas İzzeddin Keykavus Darüşşifası (1217); Çankırı Atabey Cemaleddin Ertokuş Darüşşifası (1235); Kastamonu Pervaneoğlu Ali Darüşşifası (1272); Tokat Müineddin Pervane Darüşşifası (1265 Sonrası); Amasya Amber Bin Abdullah Darüşşifası. Yapılarla ilgili olarak bkz. Cantay (1992).

[11] 12. ve 13. Yüzyıl Anadolusu'nda cami ve medreseyi yan yana getiren kompozisyonlar vardır. Fakat İslâm mimarisinde cami ile şifahaneyi tek bir dikdörtgen blokta ve aynı çatı altında bileştiren başka bir örnek yoktur (Kuban, 1999: 40).

[12] Araştırmacı N. Sakaoğlu, "Külliyenin daha zayıf malzemeden inşa edilen ve zamanla işlevini yitiren tabhane, aşhane (imaret), buka (konukevi), sundurma, muvakkithane, mahkeme, namazgâh, musalla, meşruta, kuyu, sebil, yunak vb ikincil yapıları bugün mevcut değildir" demektedir (Sakaoğlu, 2005: 242). Anılan yapılara dair bir kalıntı bulunmadığı gibi, bu türde bilinen bir Selçuklu örneği de yoktur. Şifaiye'nin farklı işlevlere sahip mekân ve yapılara ihtiyaç duyması normaldir ancak bunlar için döneminde muhtemelen şehir içinde yer alan yapılardan yararlanılıyordu.

Türbenin yapı topluluğundaki varlığı, her iki yapı ile olan ilişkisi (kapı ve pencereler), yapıları kullananlar tarafından edilecek dualara sahip olma şansını da beraberinde getirmektedir. Divriği'de inşa edilen en anıtsal yapı olan Cami ve Şifahanenin bani türbesine sahip olması bu nedenle normaldir.[13] Dikkat çeken ise yukarıda da belirtildiği gibi Cami ve Şifahane ikilisidir.

Camilerin "Ulu" diye adlandırılmaları İslâm mimarisine özgü bir durum değildir. İslâm Sanatı çalışmalarının geliştiği günlerde, özellikle de erken dönemler söz konusu olduğunda; daha büyük boyutlu ve Cuma namazlarının kılındığı, minberi olan ibadet yapılarının diğerlerinden farklı olduklarının vurgulanması amacı ile Great/Büyük/Ulu kelimesi isimlerinin önüne eklenmiş ve bu kullanım günümüze kadar gelmiştir.[14] Divriği Ulu Camisi de bu grup içerisindedir ve boyutları ile belki de Anadolu'da inşa edilen örnekler içerisinde ön sıralarda yer almaktadır. Adına Ulu Cami denilen ve Cuma namazlarının toplulukla kılındığı bu yapılar incelendiğinde, çoğunun sultanlar tarafından inşa

---

[13]Araştırmacılardan O. C. Tuncer, türbenin tek katlı olduğunu "iki katlı olduğunu belirleyen hiçbir iz ve belgeye sahip olmadığımız için böyle kabul ediyoruz" diye açıklamıştır. Bkz. O.C. Tuncer, *Anadolu Kümbetleri*, 1, Ankara 1986, s.236-238, bil. s.237. Türbeler konusunda bir diğer önemli araştırmanın sahibi olan H. Önkal, yapıyı incelemiş olmakla birlikte, türbenin tek ya da çift katlı olup olmadığına yönelik bir değerlendirme yapmamış ancak zeminin bugün çimento kaplı olduğunu belirtmiştir. H. Önkal, *Anadolu Selçuklu Türbeleri*, Ankara 1996, s.394-398, bil. s.395. Selçuklu döneminde inşa edilen türbeler, defin işleminin toprağa yapılması gerektiğinden daima çift katlı olarak inşa edilmişlerdir. İkinci kat, genelde ya bir kapının ya da dışa açılan pencerelerin varlığı ile kolayca anlaşılmaktadır. Sayısız onarımlar sonucu, kaplamaları defalarca değiştirilen ya da yenilenen Divriği örneğinde, içte ve dışta bu tür bir detayın yokluğu nedeni ile türbe tek katlı olarak düşünülmektedir. Hem gelenekler hem de mezarların korunmaları açısından, türbenin tek katlı olması mümkün değildir. Kaldı ki, bu fikir, yapının anıtsallığı ile de uyuşmamaktadır ancak tek ya da iki katlı olduğunun sağlamasının yapılması çok da zor değildir.
[14] Divriği Ulu Camisi kuzey kapısında yer alan kitabede yapı, "Mescidü'l-Cami" olarak anılır (Sakaoğlu, 2005: 242).

7

ettirildiği görülmektedir. Cami inşası özellikle de Cuma namazı kılınacak caminin inşası, sultan ve devletin görevi gibi algılanmaktadır. Bu hem büyük bir onur olması hem de bu boyuttaki yapılarda çalışacak görevlilerin maaşlarından tutun da binaların onarımı için gerekli paranın normal bir kişi tarafından karşılanmasının zorluğu nedeni ile olmalıdır. Bani Ahmet Şah'ın geleneklere uyarak anıtsal boyutlarda bir Cuma Camisi inşa ettirdiği görülmektedir.[15]

Mengücek Sultanının anıtsal boyutlarda bir ibadet yapısı inşa ettirmiş olması da buraya kadar normaldir. Sorun ya da dikkat çekici özellik, yukarıda da belirtildiği gibi Şifahane ile birlikte başlamaktadır.

İslâmiyet'in tebliği ile başlayan süreçte inananlar, her açıdan sağlıklı bir toplum olmaya doğru yönlendirilmişlerdir. Hz. Muhammed'in, Medine'deki evi ilk Mescit olarak bir yandan Allah'ın emirlerinin öğretildiği okul işlevini görürken, diğer yandan da toplumun ihtiyacı olan tüm işlevlere yanıt vermeye çalışıyordu. Kaynaklardan öğrenildiği kadarı ile sağlık konusu da bunlar arasında yer alıyordu.[16] Bu durumu, *ruhlar iyileştirilirken ihtiyaç halinde bedenlere de yardım ediliyordu* şeklinde yorumlamak mümkündür. Yapılan savaşlar sonrası, Hz. Muhammed'in Evi ve ilk Mescidin hastane gibi çalıştığını gözümüzün önüne getirebiliriz. Yayılma süreci içerisinde yaşanan güçlükler düşünüldüğünde, bağımsız bir sağlık yapısı inşasının kolay olmayacağı ortadadır. Bu nedenle de ibadet ve sağlık konuları, uzun yüzyıllar boyu bir

---

[15]Bu yazının konusu olmamakla birlikte, kayıtlara geçmesi açısından şöyle bir sorunun sorulması gerekmektedir: inşasına 1228 yılında başlanan yapı topluluğunun 1240'lı yıllarda kullanıma açıldığı anlaşılmaktadır. İlçedeki en eski caminin Kale Cami olduğunu, onun da kaleye özel bir yapı olduğunu göz önüne alırsak, 1155-1240 yılları arasında, halk, toplu olarak Cuma namazlarını nerede kılmıştır. Eldeki tarihi kayıtların yetersizliği nedeni ile bu soruya yanıtın, yapılmakta olan Arkeolojik kazılar neticesinde verilebileceğini düşünmekten başka çare bulunmamaktadır.
[16]Ayrıntılı bilgi için bkz. S. Eyice, "Mescid", *İslâm Ansiklopedisi*, 8, M.E.B. Yayınları, Eskişehir 1997, 1-118, bil. s. 3.

arada yapılmış olmalıdır Yani ilk planda, birbirlerine uzak konular değildir.

İslâm mimarlık tarihi incelendiğinde, camiden bağımsız sağlık yapılarının Suriye'de ve Zengi döneminde ortaya çıktığı görülür.[17] Bu tarihle birlikte de daima saray yani sultan tarafından inşa edilmişlerdir. Birisi Sivas il merkezinde bulunan Selçuklu şifahaneleri de saray ve sultan eli ile inşa edilmiştir. Mengücek ülkesi Divriği'de de şifahane yine saray tarafından yaptırılmıştır. Geleneksel uygulamalar devam ettirilmektedir. Ulu Camilerin neden sultanlar tarafından inşa ettirildiği konusu yukarıda açıklanmaya çalışılmıştı. Şimdi Şifahane konusuna yanıt aranması gerekmektedir. İbadet ve sağlık konusunun, erken dönemden itibaren birbiri ile ilişkili olduğu gerçeği ile birlikte, unutulmaması gereken bir diğer ayrıntı da; Anadolu'nun Türkleşmesi ve İslamlaşması süreci içerisinde değişik toplumsal gruplara ait kişiler tarafından çok sayıda bina inşa ettirildiği görülmekle birlikte, sağlık yapılarının daima sultanlar ve saray tarafından inşa ettirilmiş olmasıdır. Ana ibadet yapısı ile birlikte sağlık yapısı ya da yapılarının, sultan ve saray tarafından inşa edilmesi bir görev gibi algılanmıştır. Bu uygulamanın altında yatan düşünce, hayır işlemek ve iyilik yapmak anlayışı olmalıdır. Bununla birlikte her iki yapı türü de aslında birer sistemler bütünüdür. Yaşamlarını sürdürmeleri için onlarla ilgilenecek çok sayıda görevliye ihtiyaçları bulunmaktadır. Örneğin; Şifahanenin çalışabilmesi için uzman doktorlara, ilaç yapıcılarına ihtiyacı vardır ve bunların finansmanı normal bir kişi için kolay değildir. Aynı durum, Ulu Cami için de düşünülebilir. En azından birden fazla imam-müezzine ihtiyaç söz konusudur. Caminin eğitim alanındaki işlevi de göz önüne alındığında, görevli sayısı giderek

---

[17] Bu dönemde inşa edildiği bilinen yapılar: Halep Nuri Bimaristanı (545/1150) (Herzfeld, 1954: 231) ve Şam Nuri Bimaristanı (549/1154)'dır (Herzfeld, 1942: 5).

artmaktadır.[18] Bu ihtiyaçlar ancak büyük ve zengin vakıflar sayesinde karşılanabilir ölçektedir. Bu nedenle de sultanlar ve saray himayesinde inşa edilmektedirler. Caminin eğitim yapısı olarak da işlev üstlenebiliyor olması, sağlık yapısını, kent için vazgeçilemez ikinci ana yapı haline getirmektedir ki, Melike Turan ve Ahmet Şah'ın, geçmişten gelen geleneksel anlayışların devamı olarak bu yapı grubunu inşa ettirdikleri görülür.[19] Bu işin manevi boyutu olarak, yapılar yerinde durdukça ve işlevlerini sürdürdükçe sevap kazanılması söz konusudur. Kuşkusuz, marifet iltifata tabidir, bununla birlikte bu durum devlet anlayışı geleneğinin de bir sonucu olarak karşımızdadır.[20] Eşlerin bir arada bu işi yapmış olmaları da birçok araştırmacı tarafından söylendiği gibi toplumda kadın ve erkeğin yerine ilişkin güzel bir örnek olarak karşımızdadır.[21]

---

[18]Mengüceklilere ait müstakil bir eğitim yapısının varlığı bilinmemektedir. Ulu Cami Vakfı 22 hisseden oluşmaktadır. Hitabet 4 Hisse, Nezaret 4 Hisse, İmamet 4 Hisse, Tezin 4 Hisse, Ferraş 3 Hisse, Sermahfil 1 Hisse, İmam-ı Şafi 1 Hisse, Muarrif 1 Hisse. Bunlar dışında ilk vakfiyede adları anılan Mütevelli, Cüzhan, Kubbedar ve Meremmet şeklinde anılan görevlilerin de varlığı görülmektedir. Basit bir bakışla Camide 12 kişilik bir personelin var olduğu görülmektedir. Ayrıntılı bilgi için bkz. Gülsoy (1991: 16).

[19] Kuban (1999: 41)'de: *Bu ikisinin tek bir yapı bloku olarak inşa edilmesinde, örneğin yapıyı oldukça meyilli bir yamaca yerleştirirken büyük bir platform elde etme, önde ve arkada istinat duvarları inşa etme, bu hafriyat işlemini mümkün olduğu kadar çabuk ve ekonomik olarak gerçekleştirme, ve incelenmediği için de bilemediğimiz örneğin inşaat zemininin durumu gibi, tümüyle pratik nedenler, söz konusu olmuş olmalıdır* şeklinde, tarafımızdan kabulü mümkün olmayan farklı bir görüş belirtir.

[20]Siyasetnâme bu konuda önemli bir başvuru kaynağıdır ve 13. Yüzyıl Anadolu'sunda okunduğu da bilinmektedir. Nizamülmülk, Siyasetnâme (Siyeru'l-mülük), (Çev.N. Bayburtlugil), Dergâh Yayınları, İstanbul 1987, s.29

[21] Kadın banilerle ilgili olarak bkz. Durukan (1998).

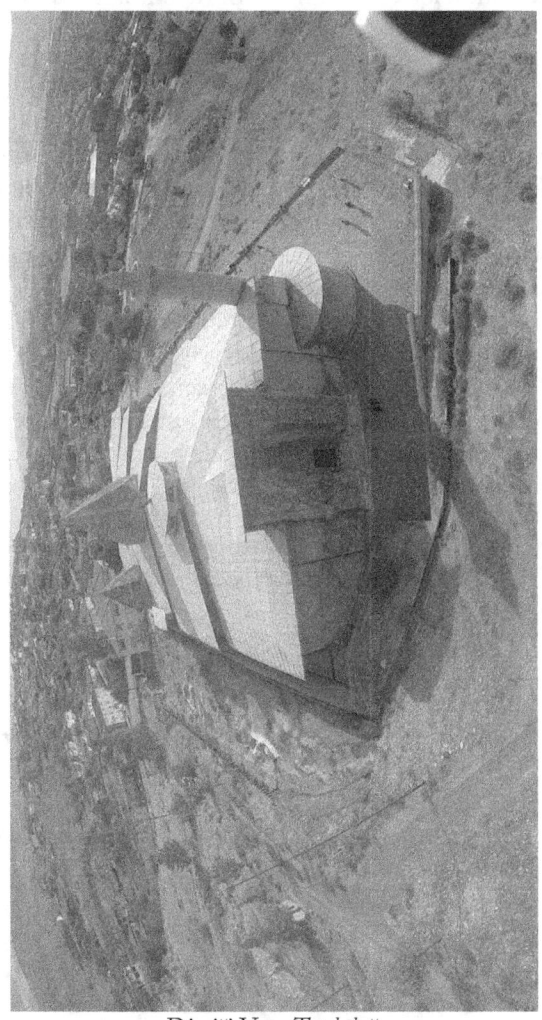

Divriği Yapı Topluluğu
Kuzeyden Genel Görünüm (A. Örsçelik)

Erdal Eser

4-Kitabeler ve KültürTarihi Açısından Önemi

Kapılar yalnızca üslup özellikleri ile değil üzerinde taşıdıkları kitabeler nedeni ile de önemlidirler. Belli bir yazın kalıbına göre hazırlanan kitabe metinlerinden: üzerinde bulunduğu yapının işlevi, adı, yaptıran kişinin adı (baba adı ile birlikte), bazen yapının mimarının adı ve inşa tarihi öğrenilmektedir. Hemen hemen her tür yapıda kitabeler anılan sıra ile yazılırlar ancak bazen farklı ifadelerin yer aldığı da görülür ki, bu ifadeler bazı tarihi sorunların çözümünde (hükümdarlık yıllarının belirlenmesi gibi) kullanılabildiği gibi, daha önce kullanılmayan bir unvanın öğrenilmesini de sağlayabilirler. Ayrıca, vergi kitabesi, onarım kitabesi, usta kitabesi gibi farklı konuları ele alan kitabeler de bulunmaktadır.[22]

Divriği Ulu Camisi kitabeleri bu açıdan incelendiğinde, özellikle kuzey ve batı kapı kitabeleri dikkat çekici ifadelere sahiptirler.

Kuzey kapıda kavsaranın üst bölümünde yer alan inşa kitabesinde: *Halifenin ortağı Büyük Sultan Alâe'd-dünyâ ve'd-din Keykubâd bin Keyhüsrev'in saltanatı günlerinde* ifadesi yer almaktadır. Bu kayıt Mengüceklilerin, Selçukluya bağlılıklarını göstermektedir ve siyasi anlama sahiptir. Sakaoğlu (2005: 312)'de, *Metbuya bağlılık sunumu nümizmatik kuralı olup kitabelerde nadiren rastlanır. Kaldı ki siyasal bir anlamı da yoktur. Yani bir kitabede bağlılık sunumu bulunmaması bağımsızlık anlamına gelmez* şeklinde Max van Berchem'in kitabe hakkındaki değerlendirmesini aktarır ve ardından da *Şu halde buradaki dostane jest, olasılıkla Keykubad'ın desteğine karşılık bir ithaftır* açıklamasını yapar.

---

[22] Örneğin kaledeki Memluklu vergi kitabesi, türbedeki vergi kitabesi, Harput Ulu Cami vergi kitabesi gibi. Harput Ulu Cami vergi kitabesi için bkz. Oral (1967: 140-145).

12

Öncelikle belirtmek gerekir ki, Halifenin yardımcısı ve ortağı gibi ifadelerinin sikkeler üzerinde görüldüğü doğru bir değerlendirmedir.[23] Bununla birlikte anıtsal bir yapının kitabesinde bu formda karşımıza çıkması oldukça ilgi çekicidir ve Max van Berchem ve sonrasında N. Sakaoğlu tarafından yapılan değerlendirmenin tekrar gözden geçirilmesi gereklidir.

İlk olarak yapılması gereken "halifenin ortağı" sıfatının taşıdığı anlam üzerinde durmaktır. İslâm dünyasının -en azından o dönemdeki hali ile artık sadece moral seviyede- yöneticisi olan halifelik makamı ortaklık edilebilecek bir makam değildir. Hiçbir halifenin de bir sultana bu unvanı verdiği bilinmemektedir. Bu kullanımın kişisel bir isteğin sonucu geliştiği düşünülebilir. En sade hali ile halifeye ortak olmak, bir anlamda halife olmak demektir. Belki başka bir sultan bu unvanı kullanmış olsa idi normal görülebilirdi ancak I. Alâeddin Keykubad'ın iddialı kişiliği göz önüne alındığında durum biraz farklıdır. Buradaki anlamı pekiştiren de cami batı kapısının sahip olduğu özellikler ve üzerindeki kitabedir.[24] Sakaoğlu tarafından belirtilen jestin ne olduğu tam anlaşılamamakla birlikte (2005: 312), 1228 yılı civarında Selçuklu ordusunun bölgedeki faaliyetleri ve Divriği'ye dokunulmaması kastediliyor ise bu sultan tarafından yapılan bir jestten daha çok, bölgenin zaten Selçukluya tabi olduğunu gösterir.[25] Ahmet Şah'ın inşa ettirdiği yapıda I. Alâeddin Keykubad'ı, halifenin ortağı biçiminde anması da en sade hali ile bağlılık göstergesi olup, Orta Çağ kültür tarihi ve günlük yaşam pratiği çerçevesinde bakıldığında, açıkça duyulan korku ve saygı yüzündendir. Bu konu ile ilgili olarak yapılmaya çalışılan diğer açıklamaların, edebiyat

---

[23] Selçuklu sikkeleri için bkz. Artuk ve Artuk (1971); Erkiletlioğlu ve Güler (1996).

[24] Kapı ve üzerindeki kitabeye ilişkin değerlendirme aşağıda sunulmuştur.

[25] Bu yapı ancak kısa bir bağımsızlık dönemi olan küçük bir Türkmen göçer beyliğinin başkentlerinden birinde ve beyliğin Konya-Selçuklularına tabi olduğu bir dönemde inşa edilmiştir (Kuban, 1999: 38). Küçük bir göçer Türkmen beyliği ifadesi dışında Kuban'ın görüşünü paylaşıyoruz.

yapmaktan öteye geçmesi de mümkün değildir.[26]

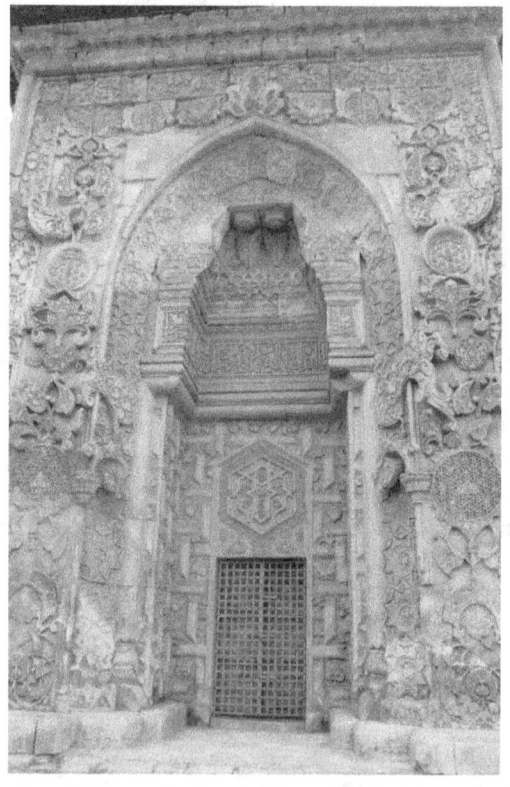

Divriği Ulu Camii, Kuzey Kapı Genel Görünüm

---

[26] Aşağıda da açıklanacağı gibi, Divriği Ulu Cami kitabeleri ve taşıdıkları ifadeler, Divriği Mengüceklilerinin Selçuklu devletine kesin bağlılıklarının ifadesidir ve düşünülenden daha güçlü bir siyasi ifade taşırlar.

5-Plan Hakkında[27]

..bu kompleksin mimari tasarımının bezemede
görüp şaşırdığımız olağanüstü bir niteliği yoktur
(Kuban 1999: 39).

Divriği Ulu Camisi ve Şifaiyesi tüm etkileyici görüntüsüne rağmen, planı incelendiğinde, özellikle destekler ve destekleri birbirlerine bağlayan kemerlerin yerleştirilmesinde bazı anomaliler olduğu görülür.[28] Destekler ve kemerler dışında ne kapılar tam eksenler üzerindedir ne de caminin güneyi ve şifaiye birimleri arasında geometrik bir ilişki söz konusudur.[29]

Desteklerin durumu özel olmakla birlikte,[30] Cami kapılarının eksende olmamaları daha anlaşılabilir ve açıklanabilir nedenlere sahiptir.

Doğu Kapı ya da Sultan Kapısı'nın açıldığı birimin eksenine değil de kuzeye kaydırılarak inşa edilmiş olması, açıldığı

---

[27]Kuban (1999: 43)'te, *Anadolu 13. Yüzyıl camilerinin önemli bir bölümünün Divriği ulucamisi'nin adeta ideal bir örneğini oluşturduğu tipolojiye uygun olarak tasarlandıkları görülmektedir* demektedir. Farklı bir yaklaşımla, köken olarak Niğde Alâeddin Camisi'ni işaret ediyoruz.

[28]Kuban (1999: 39)'da yapının tasarımı hakkında: genelde kompleksin mimari tasarımının bezemede görüp şaşırdığımız olağanüstü bir niteliği yoktur demektedir. Destek boyutlarının, ortadan yanlara doğru küçülmesini ise bilinçli bir yapısal uygulama olarak belirtir (1999: 44).

[29]Önge (1978: 34, not 6)'da: *kapılar eksende değil, benzeri inşaat hataları kemer sıralarının doğrultularında da müşahede edilmektedir. Kompozisyon hataları yüzünden düzgün gerçekleştirilemediği kuzey ve batı kapılarının eksenlerden kaydırıldığı görülmektedir* demektedir. Sakaoğlu (2005: 270)'te, *aynı eksendeki sütunların sağa veya sola gözle fark edilemeyecek ölçüde sapmış olmalarının teknik bir hatadan mı yoksa bir zorunluktan mı kaynaklandığı bilinmemektedir* değerlendirmesini yapmıştır.

[30] Cami sütun çaplarının merkezden kenarlara doğru değişmesi, ilginç ve bilinçli bir uygulamadır (Kuban, 1999: 44).

mahfil alanını daraltmamak amaçlı olmalıdır.[31] Kuzeye alınarak, güneyde daha derin bir alanın oluşumu sağlanmıştır. Ayrıca, genel konumu ile bakıldığında, yaklaşık olarak tüm doğu cephenin orta bölümüne yerleştirildiği anlaşılmaktadır. Açıldığı birim açısından asimetrik olsa da geometrik bir düzen gözetilerek inşa edildiği görülmektedir.[32]

Batı kapı da doğu kapı gibi açıldığı birimin ekseninde olmayıp güneye kaydırılmıştır. Önge (1978: 39)'da: *Camiin batı duvarının gerek dış gerekse iç görünüşlerinin orijinal olmadığı açıkça bellidir. İç cephenin tam ortasında yer alan kapının, harimin aydınlık fenerli orta bölümünden geçen eksenine göre, güneye doğru kaymış olduğu görülmektedir. Bu hata Camiin inşatı sırasında yapılmıştır* değerlendirmesi yer alır. Bu kapı açısından tüm cephenin değil, cami cephesi uzunluğu göz önüne alınarak bir yer belirlendiği anlaşılmaktadır.

Dıştan bakıldığında kuzey kapı da tam eksende yer almaktadır. Ancak açıldığı birimle birlikte incelendiğinde kapının batıya kaydırılmış olarak inşa edildiği görülür.[33] Burada yine geometrik kurgu açısından iç mekândan ziyade

---

[31] Kuban (1999: 45)'te, *Cami'nin özgün durumunda güneydoğu köşesinde bir mahfil ya da maksure olacağının işareti olan bir ayrıntı yoktur diyerek,* özgün mahfil varlığını düşünmez ve bunu *fazla zorlayıcı bir yorum olarak kabul eder.* Divriği Ulu Camisi'nde maksure yoktur ancak mahfil varlığı kesindir. Konu ile ilgili olarak bkz. Tükel Yavuz (1978); Eser (2009). Kuban, 13. Yüzyıl başında sultanlara tahsis edilen yerin, mihrap önündeki maksure olduğunu (Kuban, 1999: 134) belirtir ki, bu yönde elde veri bulunmamaktadır ve aslında orta çağ açısından bu mümkün de değildir.

[32] Asimetri konusu yapı topluluğunun en dikkat çekici özelliklerinden birisidir. Ögelerin yerleştiriminden başlamak üzere süslemeye kadar yoğun olarak fark edilmektedir. Kuban, *bu bilinçli asimetrinin özel bir anlamı olup olmadığını* sorar ve devamla, *Bazı motiflerin bir dişi-erkek ikilemine referans verdiği, kuzey taçkapısının sol tarafının (doğu) erkek varlığını, sağ tarafının (batı) dişi varlığı temsil ettiği kentin yerlilerince kabul edilmekteydi* demektedir (1999: 93).

[33] İç mekânda oluşan bu durum için Kuban (1999: 45)'te, *kuzey taçkapısı'nın iç mekâna yansıyan ve nedeni anlaşılamayan asimetrisi* cümlesini kurar.

cephenin esas alındığı anlaşılmaktadır. Divriği Ulu Cami için bu durumu bir tasarım özelliği olarak değerlendirmek mümkündür.

Yine de kuzey kapı ile başka bir etkenin varlığı üzerinde durulabilir. Bazen bir mimari ögenin olması gereken noktadan çeşitli yönlere doğru kaydırılması, söz konusu mimari öge için sorun oluşturabilecek bir ağırlığa karşı önlem alma anlamını taşır. Divriği Ulu Camisi doğusunda yapının bitişik olarak inşa edildiği yamaçtan kaynaklı yük sorununun, kapının eksenin batısına kaydırılmasını gerektirmiş olması da bir olasılıktır.

Bu konuyu ilk değerlendiren ve görüş belirten, Yılmaz Önge'dir. *"Bunun sebebi, bugün herhangi bir iz görülmemekle beraber, caminin doğu duvarının, evvelce kuzey cephenin doğu köşesinden itibaren ileri doğru uzatılmış bulunması olmalıdır. Bu yönde, kuzey cephenin giriş kotuna göre yüksekte kalan toprağı tutmak için, böyle bir istinat duvarının inşaasına esasen zaruret olup; kuzey kapısının batıya doğru kaydırılma payı da, inşa edildiğini tahmin ettiğimiz istinat duvarının kalınlığına uygun düşmektedir. Bu durumda da, kuzeybatı köşede evvelce bir payandanın olmadığı ve kuzey kapısının, doğu köşeden ileriye doğru devam eden istinat duvarından itibaren, camiin serbest kalan dış cephenin ortasına göre inşa edildiği neticesi çıkmaktadır"* (Önge, 1978: 35-36).[34]

Yine ancak yapının planına bakıldığında görülebilen bir farklılık. Yukarıda da söylendiği gibi, caminin güney birimleri ile şifaiye birimleri arasında geometrik ilişki bulunmuyor olmasıdır. Bileşik olarak inşa edilen yapılar arasında, normal olan, duvarlar ve destek sıralarının yerleştirilmesinde geometrik bir düzen izlenmesidir. Ancak, giriş eksenleri farklı yönlerde yer alan bu iki yapı arasında böyle bir düzen bulunmamaktadır. Kaldı ki, mihrap ile

---

[34]Doğuda yer alan istinat duvarının, kuzeye doğru devam ettiğini gösteren herhangi bir iz bulunmamaktadır. Bu bölümde yapılacak bir sondajla durumun anlaşılması mümkündür.

hemen güneyindeki eyvan arasında da geometrik bir düzen söz konusu değildir. Bu düzensizlik ana eyvan ve hemen yanındaki türbenin boyutlarından kaynaklı gibidir. Anılan mekanlar biraz daha kısa inşa edilmiş olsalardı, geometrik ilişki konusunda cami birimleri ile daha uyumlu bir kompozisyon oluşturulabilirdi.

Bu tür geometrik aksaklıların [!] nedeni için zemin önem taşır. Zemin iki şekilde yapı geometrisini etkiler. İlki inşa edilecek alanda söz konusu yapısal bozukluklardır. Sağlam nokta bulunamaması, yapılacak zemin dolgusunun güvenli olmayacağı düşüncesi, daha sağlıklı bir noktanın kullanılmasını gerektirebilir. İkinci durum ise daha önce inşa edilmiş bir yapıya ait temel ya da temellerin kullanımı olasılığıdır. Bu iki ihtimali bir kenara bırakarak bir üçüncüsü üzerinde durmayı amaçlıyoruz: Deprem Bilgisi.[35]

Bazı yapılara ilişkin depremsel dayanıklılık çalışmaları yapılmış olmakla birlikte, bu tarzda bir analizin yapıldığı Selçuklu yapısı bilinmemektedir. Orta Çağ mimarlarının, kuşkusuz depremlere karşı koyabilmek için geliştirdikleri bazı yöntemler olması gerekmektedir. Desteklerin ve dolayısı ile kemerlerin bazı farklarla aynı yöne doğru atılmalarının (yerleştirilmelerinin) arkasında yatan nedenin, hem binadan kaynaklanan yüke karşı koymak hem de depremde oluşan gerilmeleri dengelemek amaçlı olma ihtimali söz konusudur. Konu bu hali ile daha farklı bir bilimsel disiplinin ilgisini gerektirmektedir. Bununla birlikte, daha önce belirtilen bir bağlantının tekrar hatırlatılmasında fayda bulunmaktadır: Niğde Alâeddin Camisi-Divriği ilişkisi.

---

[35] Bilindiği gibi yapı onarım sürecindedir. Bu amaçla her iki yapının da iç mekânında çeşitli yerlerde sondajlar yapılmıştır. Hafta sonu ziyaretçilere açık olduğu için böyle bir gezi sırasında yapılan sondajları görme şansımız doğmuştur. Yapıya ilişkin ilginç veriler söz konusu olmakla birlikte, bizim burada bunlar üzerinde yorum yapmamız mümkün değildir. Bu verilerin, çalışmaları gerçekleştirenler tarafından bir rapor halinde yayımlanmasını umuyoruz.

Bugünkü bilgilerimizle iki yerleşme ve yapıları arasında bir bağ kurmak mümkün değildir. Ancak yapılacak bir üslup analizi, her iki yapı arasındaki benzerlikleri ortaya koyabilir niteliktedir. Kapıların yeri, iri silmelerin kullanımı, taç kapıda insan silueti, anıtsal görünüme rağmen planda görülen kimi anomaliler ve nihayetinde sanatçı kitabelerinin yeri konusunda bile büyük benzerlikler bulunmaktadır.[36] Niğde Alâeddin Camisi planında görülen küçük farklılıklar da olası depreme karşı koyma çabası sonucu ortaya çıkmış olabilir. Şimdilik, bu benzerlikler ve konunun deprem konusunda uzman bilim adamlarınca incelenmesi gerektiğini belirtmekle yetiniyoruz.

Aşağıdaki basit diyagramdan da görüleceği üzere, kemer hatları farklı açılarla yerleştirilmiştir. Özellikle üsteki çizimde, doğu-batı doğrultusunda yerleştirilmiş olan kemerlerin, daralan ve genişleyen bir sıra izledikleri anlaşılmaktadır. Bütüne yayılan bu durum, şemanın bilerek böyle hazırlandığını düşünmemize neden olmaktadır. Konu ile ilgili olarak yapabileceğimiz tek açıklama, farklı açılarda yerleştirilen destek ve kemerlerin, deprem ya da yapısal yük nedeni ile oluşacak olan stresin çözümü için yapılmış olabileceği ihtimalidir. Burada gösterilmemiş olmakla birlikte aynı durum Şifahiye için de geçerlidir.

---

[36] Her iki yapıda da mimar kitabeleri iç mekânda ve örtüde yer almaktadır. İki satır halindeki sanatçı adı Hürremşah bin Mugis el-Hılâti şeklinde yazılmıştır. Mihrap önü kubbesi batı kemeri iç yüzünde, kilit taşı üzerinde yer almaktadır Sönmez (1989: 164). Önge (1978: 51, not.9)'da: kitabenin asıl yerinin orta bölümde olması gerektiğini belirtir. Kuban (1999: 104)'te; Sanatçı kitabesinin kuzey taç kapıda olduğunu belirtir. Kuban dışına hiçbir kaynakta bu veri bulunmamaktadır. Bu bilgi, aynı eserde birkaç farklı yerde tekrar edilmektedir ve nedeni anlaşılamamıştır.

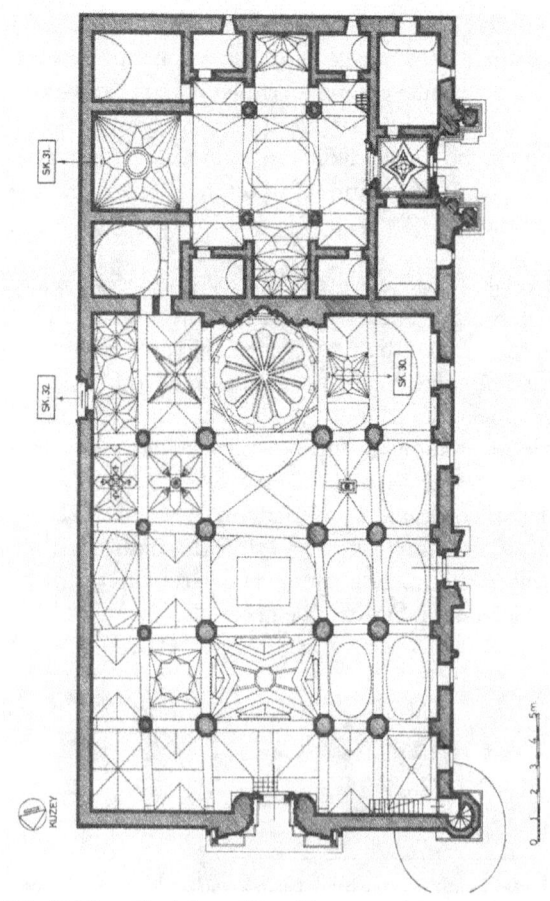

Divriği Yapı Topluluğu, Plan (Sönmez, 1995: 167)

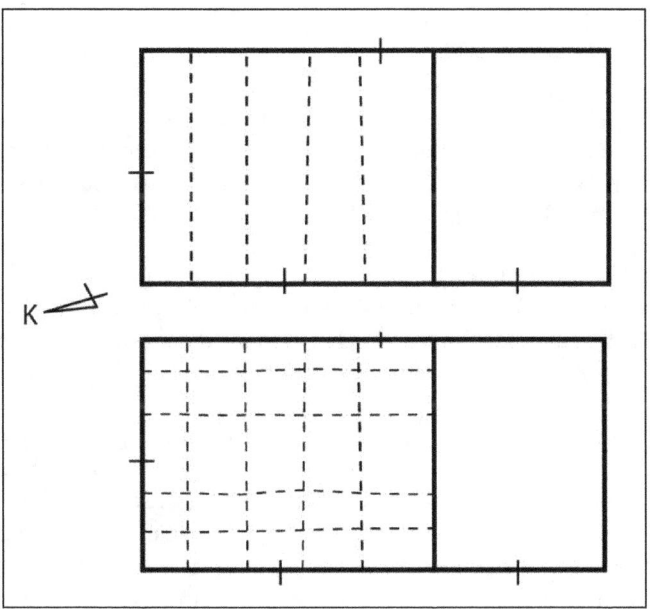

Divriği Ulu Camii, Kemer Doğrultuları

6-Duvar Tekniği Hakkında

Divriği Yapı Topluluğu başarılı bir malzeme-teknik bilgi ve tecrübenin ürünüdür. Bu dönem yapılarının moloz örgü üzerine kesme taş kaplama ile inşa edildikleri bilinmektedir. Horasan harçlı kalın duvarlarla yapılar uzun süre ayakta kalabildikleri gibi, modern mimarinin günümüzdeki en önemli sorunları arasında yer alan yalıtım konusu da çözülmüş oluyordu.[37]

Malzeme ve teknik konusu yapı ile ilgili yapılan tüm çalışmalarda ele alınmış ve gösterilmiştir. Burada bunlar tekrarlanmayacak ancak çok dikkat çekici bir detay belirtilerek, önemine değinilecektir.

Yıllardır yerinde yaptığımız incelemeler sonucu, yapının yamaca dayanan ve bir anlamda istinat görevi de üstlenmiş olan doğu duvarının diğer duvarlardan daha eski olduğunu değerlendiriyoruz.[38]

Doğu duvarla ilgili dikkat çeken tek özelik bu değildir. Doğu duvarla birleşen diğer duvarlarda dilatasyon görünmektedir. Bunu hem cami hem de diğer yapılar içerisinde görmek mümkündür. Duvarlar inşa edilirken malzemenin birbiri içerisine geçmesi ve oturmasına dikkat edilirken Divriği Ulu Camisi duvarlarının doğu duvar ile olan ilişkileri dikkat

---

[37] Divriği Ulu Camisinin bugün yaşadığı sorunların ana nedeni, yapının örtü kaplaması olan moloz tabakasının kaldırılmış olmasıdır. Bir dönem ülkemizde anıtsal yapıların örtülerindeki kalın moloz tabakalarının kaldırılması ve yenilenmesine yönelik bir uygulamanın benimsenip ağır anıtsal yapılarda gerçekleştirildiği anlaşılmaktadır. Bu tür kararlar alınırken çok detaylı düşünülmesi gerekmektedir. Taş eserlerin ve Orta Çağ strüktürünün çalışma prensipleri kendine özgüdür. Çok dikkatli davranılması şarttır.

[38] Bu bölümdeki taş malzeme yapının geri kalan bölümüne göre çok daha yorgun ve eski görünmektedir. Bu görünüm eğer yamaçtan kaynaklanan baskı ve nem kaynaklı değil ise doğu duvar daha önceki bir yapıya ait olmalıdır.

çekicidir. Neden? Eğer belirttiğimiz gibi bir dönem farklılığı yok ise acaba bilerek mi yapılmıştır? Bu konuda kesin bir şey söyleyebilmek mümkün olmamakla birlikte, belki de yine depremle ilgili bugün bilmediğimiz bir çözüm olma olasılığı belirtilmelidir.[39]

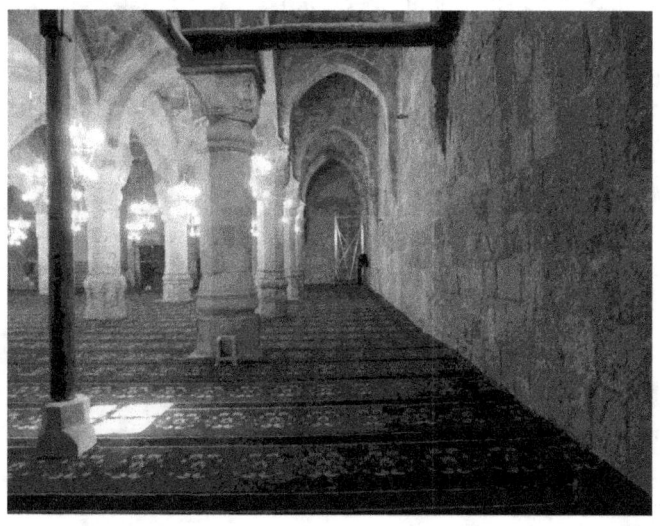

Divriği Ulu Camii, Doğu Duvar, Kuzeye Bakış

---

[39] Dilatasyon ya da parça parça inşa sistemi kale surlarında da görülmektedir. Burçlar ve duvarlar parça parça inşa edilmişlerdir. 1230'larda başlayan sur inşaatında da aynı mimarın çalışmış olması söz konusudur. Kazı sırasında bulunan ve üslupsal açıdan Ulu Cami süslemelerini andıran bir kaide de yine aynı ustaların kale içerisinde yapı da inşa ettiklerinin düşünülmesine neden olmaktadır (Eser, 2014: 166).

7-Batı Kapının Eğimli Yapısı

Divriği Ulu Camisi batı kapısı, Çarşı Kapısı (Sakaoğlu, 2005: 296) ya da Tekstil Kapı (Arel, 1962) olarak anılmaktadır. Kapının eğimli kuruluşu, araştırmacılar tarafından farklı yorumlandığı için külliye açısından en sorunlu yerlerin başında geldiği söylenebilir. Hem halk arasında hem de araştırmacıların çalışmalarında, kapının dolayısı ile cephenin yıkılmakta olduğu yolunda bir söylenti yıllardır tekrar edilmektedir.[40] Hatta D. Kuban, cephenin bütünüyle yıkıldığını düşünmektedir (1999: 49).[41]

Batı cephe yandan izlendiğinde, caminin batı kapısının eğik olduğu rahatlıkla gözlemlenir.[42] Pek rastlanan bir uygulama olmaması nedeni ile kapının ve dolayısı ile de duvarın açılarak yıkılmakta olduğu düşünülür.[43] Hatta D. Kuban, *Cami'nin batı kapısının diğerleriyle üslupsal ilgisi olmayan bezemesi ve tümüyle bitmiş olması, batı duvarı yıkıldıktan sonra, bazı eski fragmanların kullanılarak yeniden yapıldığını kanıtlamaktadır*

---

[40] Tamamen iyi niyetli bir kaygı sonucu gelişen bu düşünce hem mimarlık tarihçileri hem de amatör tarihçiler tarafından yıllardır işlenmektedir. Her açıdan özel olduğu bıkmadan tekrarlanan yapının, batı kapısının kuruluşunun da özel olabileceği nedense düşünülmemektedir. Uzun bir onarım sürecine alınan yapı topluluğunda yapılacak işlemler arasında, batı kapısının düzeltilmesinin (!) de olmadığını umuyoruz.

[41] Kuban, batı duvarın tümüyle yıkıldığını belirttiği aynı yerde, *Duvarın en alt sıralarının tümüyle yıkılmadığı için yeni duvar eski temel ve duvar kalıntıları üzerine inşa edilmiş olmalıdır* (1999: 49) demektedir. Şu anda elde olan verilerle bu konuda kesin bir yargıda bulunabilmek mümkün değildir.

[42] *Kaidesinden itibaren cepheden dışarıya doğru meyillenmiş olan batı kapısı, gerek kompozisyon ve gerekse dekorasyonu ile kuzey kapısından çok farklı bir anlayışın eseridir* (Önge, 1978: 37).

[43] Oysa uydu ile yapılan izleme ve ölçümlerin de gösterdiği gibi, yapıda hareket eden hiçbir öge söz konusu değildir. İlgili ölçümlere dair raporlar yayımlanmamıştır. Dünya Miras alanı olarak tescilli bir yapı ile ilgili bütün raporların yayımlanması ve kamuoyu ile paylaşılması önemlidir. İlgili kurumların bu durumu değerlendirmeleri gereklidir.

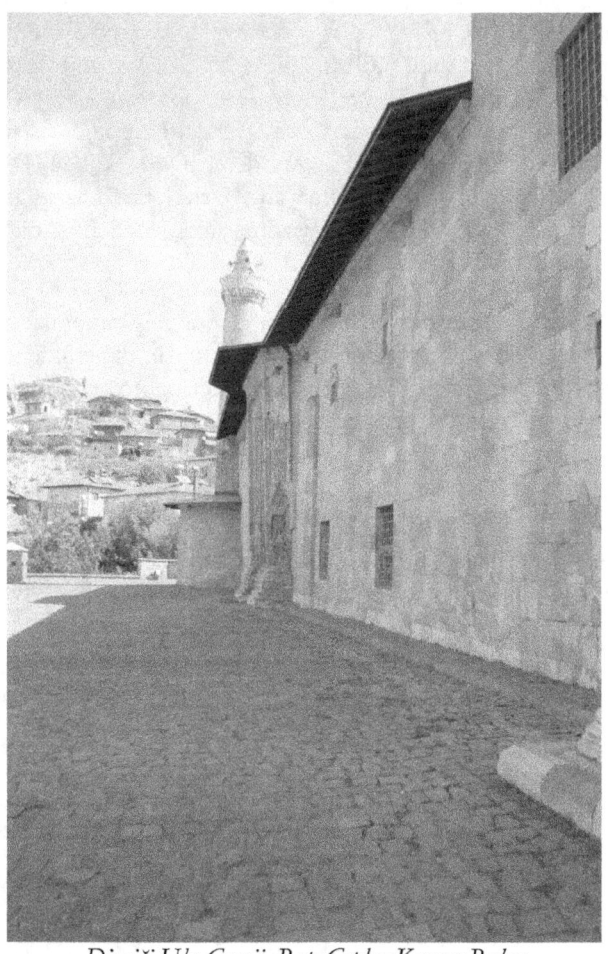

Divriği Ulu Camii, Batı Cephe, Kuzeye Bakış

(1999: 39) görüşünü ileri sürmektedir. Ayrıca, *yıkılış tarihi kesin olarak bilinmeyen cephenin ve kapının, 16. Yüzyıl sonrası hatta 18 ve 19. Yüzyılda bile yapılmış olma ihtimalinden söz etmektedir.*[44] Batı kapı Kuban'a göre, *farklı bir sanat anlayışı ve ortamın ürünüdür. Bu kapının bezemesinde fragmanlar, bazı motifler ve özgün dönem yazıları bulunsa bile, bu kapıyı ilk inşa dönemine bağlamamak için güçlü nedenler vardır* demektedir (Kuban, 1999: 127). Özgün olan ve olmayan ögeler tartışması, kapı hakkında gel gitler yaşanmasına neden olmuş görünmektedir.[45]

Kapının özgününde böyle tasarlandığını düşünmemize yol açan bazı detaylar bulunmaktadır. Bunlardan ilki, yüklendiği ikonografik anlamla ilişkili olmalıdır. Bir öge olarak kapının tek işlevi, camiye giriş-çıkışı sağlamak değildir. Anadolu Selçuklu dönemi taç kapılarının taşıdıkları kitabelerden başlamak üzere, kentle paylaştıkları en önemli öge olarak kapılarının çeşitli mesajlar barındırdıkları bilinmektedir. Ulu Cami batı kapısının taşıdığı tek mesaj, aşağıda değerlendirilmeye çalışılacak olan insan gölgesi olabilir mi?

---

[44] Kuban (1999: 40) *yapının minaresinin Kanuni döneminde yapıldığını yazan kitabe 1566 tarihlidir. Bu tarih dikkate alındığında, batı duvar ya daha sonra yıkılmıştır ya da yapı Kanuni döneminde büyük bir tamirden geçmiş olmalıdır* görüşündedir. *Fakat daha sonra, Fakat daha büyük bir olasılık, batı duvarın yıkılmasından sonra kuzey köşesindeki büyük silindirik payanda kaide ile birlikte yeniden yapılmış olmasıdır. Bu payandanın bu kadar geniş, ayrıca yapıya yabancı olması, batı duvarının yıkılmasından sonra hem kuzey duvarına hem de minareye yeterli bir istinat sağlamak için inşa edilmiş olduğunu göstermektedir* (Kuban, 1999: 50) demektedir. Önge (1978: 36)'da: *Minareden önce var olduğu anlaşılan silindirik payandanın, caminin orijinal mimarisine dahil olmadığı bellidir* diyerek, kuzeybatı köşede yer alan masif desteğin varlığını minare öncesine bağlar. Görüldüğü gibi batı cephede olan bitenin net olarak değerlendirilebilmesi pek kolay değildir.

[45] Kapı ve cephe arasında görülen uyum sorunu, batı cephenin inşası sırasında oluşmuş olmalıdır. Duvar üzerinde yarattıkları açıklık nedeni ile duvarı zayıflatan kapıların inşasında özel önem verildiği konusunda kuşku yoktur. Arkasındaki örtü ve belki de yan kanatları yıkılmış olsa bile kapının ayakta kaldığı bize göre son derece açıktır. Eğer öyle olmasa idi, bütün bir batı duvar örgüsünün kapı ile olan bağlantısı çok daha düzgün yapılabilirdi.

Konu Divriği Yapı topluluğu olduğunda daha çok sürprizle karşılaşmayı umabiliriz.

Yapının kent içerisindeki konumu, kapılarının farklı anlamsal yüklere sahip olmasına neden olmuştur. Örneğin, Doğu Kapı; bu bölümde yer alan mahfil nedeni ile yalnızca sultanın kullanmasına yöneliktir. Bu nedenle Şah Kapısı, Sultan Kapısı, Mahfil Kapısı işlev ve anlamına sahiptir. Bu anlamın, süslemeler ve yansıttıkları ikonografik mesajla da güçlendirildiği görülür. Yoğun bezeme yüklü kapıda dikkat çeken ana süsleme, düğüm motifidir.

Sultan Kapısı'nda düğüm motifinin kullanılmış olması, düğüm motifinin ikonografisi düşünüldüğünde manidardır. Anadolu Selçuklu yapılarının büyük bölümünde kullanılan motif özetle, nazara karşı koymak için kullanılmaktadır. Süsleme burada, sultan ve dönemine nazar değmemesi arzusunun göstergesidir.

İbadet yapıları için genellikle kuzeyde yer alan ana giriş kapısı, Cennet Kapısı olarak değerlendirilir.[46] Divriği Ulu Camisi kuzey kapısı, sahip olduğu süslemelerle bu anlayışı ve yüklendiği görevi yansıtır.

Batı kapı, yerleşim içerisindeki konumu ile aslında en önemli cephede yer alır.[47] Bilindiği üzere cephedeki tek giriş değildir, cephenin güney bölümünde Şifaiye'nin anıtsal kapısı da bulunmaktadır. Yukarıda da söylendiği gibi konumu ve sahip olduğu bezemeler nedeni ile Çarşı ya da Tekstil Kapısı olarak adlandırılmaktadır. Burada üzerinde durmaya ve açıklamaya çalıştığımız konu açısından Çarşı

---

[46] Bu yalnızca İslâmiyet için geçerli değildir. Her dinin ibadet yapısı aslında o dinin cennet imgesinin yansıtıldığı ve inananlara gösterildiği mekânlardır.

[47] Aslında cephe söz konusu olduğunda ana girişin bulunduğu taraf her zaman daha önemlidir. Ancak Divriği'de durum biraz farklıdır. Kentle paylaşılan en önemli cephe burada kuzey cephe değil, Batı cephedir.

Kapısı adlandırması önem taşımaktadır.[48] Çarşıya bakan ya da en önemli trafiğin bulunduğu bölümde olan kapı nasıl bir mesaj taşıyabilir ve bunu nasıl aktarabilir? Böyle bir soruya verilebilecek farklı yanıtlar bulunabilir. Örneğin, yapısal özellikleri ile bir mesaja yol açabileceği gibi yazılı bir ifade taşıyabilir ve bunun toplum açısından önemli bir açıklama anlamına sahip olması düşünülebilir. Son olarak da süslemeleri ile günde beş vakit görülecek ve bir anlamda tazelenecek önemli bir ikonografik mesaj taşıyabilir.

Bu başlığa son vermeden önce, Önge (1978b: 55)'te verilen bir bilgi ve nedeni üzerinde durulması gerekmektedir. Sadece kendisi tarafından fark edilen bir durum olarak, *Caminin batı ve doğu duvarlarının dışa doğru açık olduğundan* bahseder. Aslında çok ilgi çekici bir bilgi olmakla birlikte, daha sonra kimsenin üzerinde durmadığı anlaşılmaktadır. Bu iki duvarın dışa doğru eğilmeleri ve açılmalarına neden olan nedir? Bunun nedeni bir türlü kesin olarak bilinemeyen, batı bölümün yıkılması ile bir ilgisi olabilir mi? Acaba yıkımın nedeni, sürekli gevşek olduğu belirtilen zeminden değil de örtüden kaynaklanmış olabilir mi?

Bu sorular sonrası, batı bölümün bir deprem nedeni ile yıkılmadığını düşündüğümüzü belirtebiliriz. Bize göre sorun bu sefer örtüden kaynaklanmış olmalıdır. Duvarların dışa doğru eğilmelerinin ya da açılmalarının nedeni, örtü üzerindeki kaplama malzemesinin ağırlığıdır. Bilindiği üzere, kurşun ve bakır gibi malzemelerin kullanılmasından önce, anıtsal yapıların damlarına ciddi kalınlıkta moloz malzeme serilmektedir. Horasan harçla karışık hazırlanan bu malzeme, yalıtım açısından son derece faydalıdır. Elimizde özgün örnek bulunmadığı için ölçü bilgisi edinebilmek artık mümkün de değildir. Kaba bir tahminle bu malzemenin tonlarca ağırlıkta olduğu söylenebilir. Batı ve doğu

---

[48] Yapının inşa edildiği dönemde kapının bu adla anılıp anılmadığına yönelik bir veri bulunmamaktadır. Ancak, kent dokusu ile birlikte değerlendirildiğinde olasılık dahilindedir.

duvarların dışa doğru açılmalarının arkasındaki neden de bize göre budur. Her nasılsa, kaplamanın dozu kaçırılmış ve duvarlar ağırlığa dayanamadıkları için ayrılmış olmalıdırlar.

A-Yapısal Farklılaştırma

Bir kapının yapısal olarak farklılaştırılması için değişik yöntemler izlenebilir. Boyutlarının abartılması bu konuda akla gelen ilk yöntem olarak önerilebilir. Ancak burada batı kapı için böyle bir seçenek mümkün değildir çünkü hem kuzey kapı hem de Şifahiye kapısı geçilemez engellerdir. Ölçeğe müdahalenin mümkün olmadığı durumlarda, belki malzeme değişikliği ile farklılık vurgusu sağlanabilir. Örneğin her yerde taş kullanılırken burada mermerle farklılık oluşturulabilirdi. Bu konuda, yine az önceki öneri için kullandığımız engeller devreye girmektedir. Yapının diğer kapılarını herhangi bir şekilde aşmak mümkün değildir. Çünkü her üçü de oldukça iddialı form ve mesajları ile karşımızdadır.

B-Yazılı Bir İfade-Mesaj ile Farklılaştırma

Divriği Ulu Cami batı kapısı üzerinde yer alan kitabe bir inşa kitabesidir ve metinden bani ve inşa tarihi öğrenilmektedir. Metin, buraya kadar genel kitabe kalıplarına uymaktadır. Ancak kullanılan bir ifade dikkat çekicidir. *"Halifenin yardımcısı Ahmet Şah tarafından."*[49] Kitabede geçen bu ifade bir bağlılık ifadesi olarak çok önemlidir ve normal bir duyurudan farklı anlamlar taşır. Bu nedenle bu kapının daha "resmi" bir içeriğe sahip olduğu ileri sürülebilir. Bu nedenle daha süslü, daha şatafatlı değil daha mütevazı ve resmi olması gereklidir. Sonuçta belirtileceği gibi, inşasında da zaten bu özellik etkili olmuştur.

---

[49] Yukarıda, yapının kitabelerinin 13. Yüzyıl Anadolu kültür tarihi açısından önemlerine değinilmiştir.

Kitabe ile ilgili dikkat çeken bir başka ayrıntı daha bulunmaktadır. Kitabede bu kez I. Alâeddin Keykubad'ın adı anılmamıştır. Ana kapıda anılmış olması yeterli görülebilir. Ancak, kapıların konumu nedeni ile Batı kapının insanlar tarafından görülen ilk kapı olması yüzünden düşündürücüdür. Yapıyı yaptıranın adının burada Sultan adı olmadan anılması bir nedene bağlıdır.[50] Kitabede saygı ya da bir başka nedenle adı anılan Sultan, zaman içerisinde yapıyı yaptıran kişi olarak anılmaya başlamaktadır. Bu nedenle, hemen her yerde bir Alâeddin Camisi olması tesadüf değildir. Sultanın bu kitabede anılmaması, asıl banının kim olduğunun karıştırılmaması ve unutulmaması isteği nedeni ile olmalıdır.[51]

C-Süsleme ve İkonografik Mesajla Farklılaştırma

Yapıların konumlarının, düzenlemelerine olan etkileri yukarıda belirtilmiştir. Hem yapının kendisi hem de kent açısından, genelde cephe ve özelde de kapı düzenlemesi özel bir konu olarak karşımızdadır. Yukarıdaki bölümde, kapının taşıdığı "resmi" rol belirtilmeye çalışılmıştır. Süslemelerin, anılan "resmi duyuruya" ve mütevazı duruşa uygun olup olmadığına bakılması gerekmektedir.

Süslemeler genel olarak incelendiğinde, farklı olarak insan gölgesi ve hayvan figürleri ile karşılaşılmaktadır.[52] Gölgeye

---

[50] Sakaoğlu (2005:300, dipnot 1)'de, Cami adabı nedeni ile kuzey kapının giriş Batı kapının ise çıkış kapısı olduğunu belirtir. İlginç bir bilgi olmakla birlikte, erken dönemde bu konuda bir anlayış olup olmadığı bilinmemektedir.

[51] Şifaiye kitabesindeki durum da aynıdır.

[52] Kapının süslemelerinin bitmiş hali Kuban'a göre, kapının yeniden yapılmış olmasının en önemli kanıtıdır (1999: 133). Aynı eserde Kuban, eleştirinin dozunu biraz daha yükseltmiştir. *Camiyi inceleyen Sanat Tarihçilerinin, bu bezemenin 13. Yüzyılın ilk yarısındaki bezeme sözlüğü ile ilgisi olmayan tam bir geometrik ve mekanik mantıkla yapılmış bu kapıyı Divriği'nin*

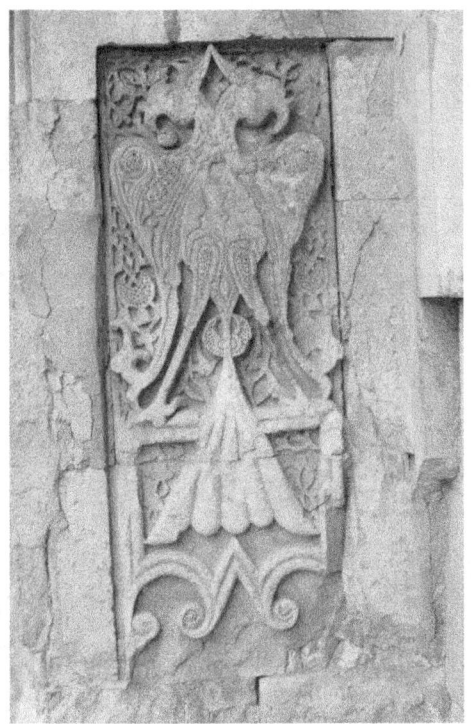

*Divriği Ulu Camii, Batı Kapı, Güney Bölüm,
Çift Başlı Kartal Figürü*

özgün kapılarından biri olarak kabul etmiş olmaları şaşılacak bir olgudur (Kuban, 1999: 162). Daha şaşırtıcı olan ise, *Bugün batı kapısının hâlâ eğik ve batı duvarından güney kenarında ayrılmış ve duvarla arasının tuğla ile doldurulmuş olması ve eski fotoğraflarda bugünkü kaide silmeleri yerine bütün kaidenin sandık gibi duvarla çevrilmiş olması, taç kapının tümüyle bu dönemde yapılmış olduğu kanısını uyandırmaktadır* sözleri ve *Divriği sanatının tartışmasında ne batı cephesinin ne de batı kapısının yeri yoktur* (Kuban, 1999: 199-200), görüşünün ileri sürülmüş olmasıdır. Yapıda her detay insanı şaşırtmaktadır ve çarpıcıdır ancak bu bakışa göre batı kapı ilgiyi hak etmemektedir. Oysa bu çalışmada ortaya konmaya çalışıldığı gibi, cephede sorun söz konusu olmakla birlikte, batı kapının yüklendiği görev farklıdır.

31

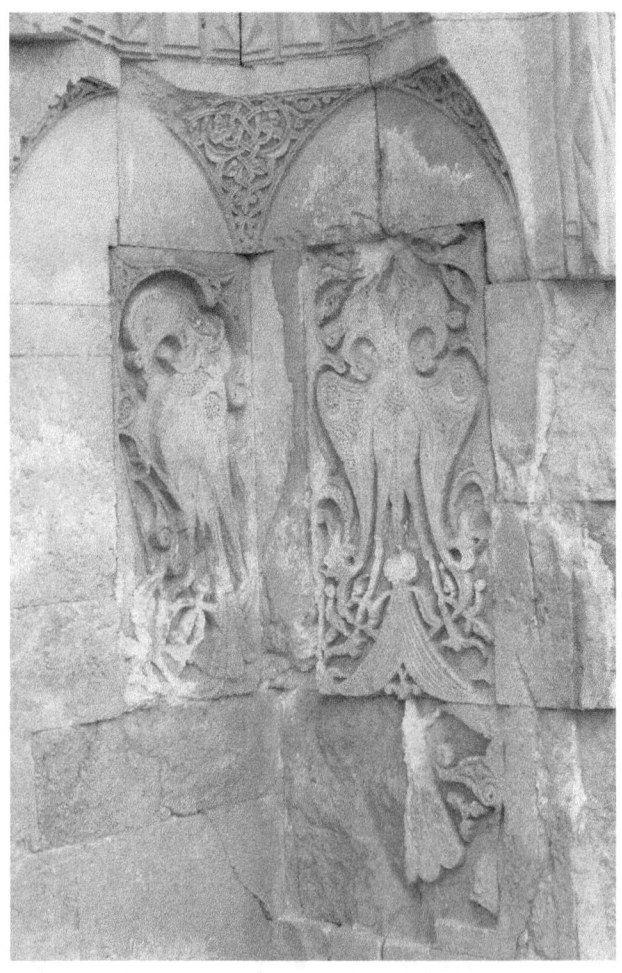

*Divriği Ulu Camii, Batı Kapı, Kuzey Bölüm
Çift Başlı Kartal ve Şahin Figürü*

ilişkin değerlendirme aşağıdaki bölümde sunulmuştur. Burada figürler değerlendirilerek, "resmi duyuru" ile ilgileri üzerinde durulacaktır.

Batı kapının kuzey ve güney bölümünde, taş bloklar üzerinde ikisi çift başlı kartal biri ise büyük ihtimalle şahin olan 3 hayvan tasviri bulunmaktadır. Yapı ile ilgili hemen tüm çalışmalarda, figürlere de değinilmiştir. Genel yaklaşım, çift başlı kartalın Selçuklu sultanı I. Alâeddin Keykubad'ın, Şahin figürünün ise Mengücek Sultanı Ahmed Şah'ın simgeleri oldukları yönündedir. Hatta şahin figürünün başını eğmiş hali de Selçuklu sultanına duyulan saygının sunumu olarak değerlendirilmektedir.

Figürlerle ilgili olarak ilk değinilmesi gereken husus, bir ibadet yapısında bulunuyor olmalarıdır. Anadolu Selçuklu döneminde figür kullanımının varlığı bilinmektedir. Bu uygulama, 13. Yüzyılın ikinci yarısında Moğolların hâkim olduğu günlerde de artarak devam etmiştir.[53] Bu anlamda Divriği Ulu Camisi, Niğde Alâeddin Camisi sonrası ikinci örnek olma özelliğine sahiptir.[54] İslâm sanatının figür ile ilişkisi konusunda çok farklı görüş ve düşünceler bulunmaktadır. Bunların başında meşhur figür yasağı konusu gelir ki, uygulamaların yoğunluğuna bakıldığında durumun aslında düşünülenden farklı olduğu görülmektedir.[55]

Yapı topluluğunda karşımıza çıkan tek figür

---

[53] İlhanlı ve daha sonrasında Eretna hakimiyeti altına giren bölgelerde inşa edilen yapılarda figür kullanımı söz konusudur. Yapıların işlevlerine bakıldığında daha çok medrese ve türbelerin figür içerdikleri görülür. Anılan dönemde bu düzeni bozan ya da zenginleştiren tek örnek Niğde Sungur Bey Camisidir.

[54] Niğde Alâeddin Camisi taç kapısında, kavsara kemeri köşeliklerinde insan başı kabartmaları bulunmaktadır.

[55] Doğal olarak burada ana konu, İslâm sanatı ya da sanatçısının figüre ilişkin tutumu değildir. Ancak ibadet yapısına kadar figür yerleştirilebildiği görülmektedir ve birçok ilki ile birlikte bu özellik dikkat çekicidir.

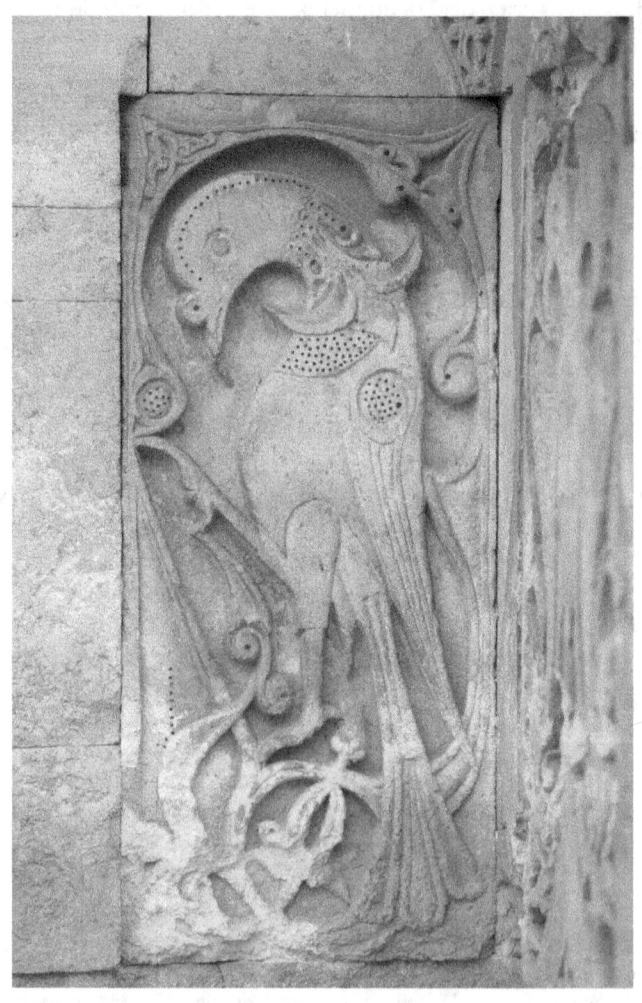

Divriği Ulu Camii, Batı Kapı, Kuzey Bölüm, Şahin Figürü

kompozisyonları bunlar değildir. Bilindiği üzere, şifaiye kapısında bir erkek ve kadın başı ile taç kapı kuzey nişi içerisinde melek çifti kabartması da bulunmaktadır.[56] Şifaiye'nin ana konusunun sağaltım olması, yapıda kendinden önce olduğu gibi insan figürü kullanılmasına neden olmuştur. Bu anlamda ilk örneğimiz Sivas I. İzzeddin Keykavus darüşşifasıdır. Yapının ana eyvan cephesinde yine bir erkek ve kadın kabartması bulunmaktadır.[57] Bu anlamda bir geleneğin izlendiği belirtilebilir.[58] Ancak camideki durum biraz farklıdır.

Öncelikle, bu konuda kendisinden önce bilinen tek bir örnek bulunmaktadır. Mevcut örneklere bakıldığında tekrar edilen bir durum olmadığı da anlaşılır. En azından 13. Yüzyıl boyunca sadece Niğde ve Divriği'ye özgü bir uygulama olarak kalmıştır. Bu tekil durumun değerlendirilmesi gerekmektedir. Sanat ya da kültür tarihi çalışmalarında yapılan değerlendirmeler genelde sadece figürler etrafında geliştirilmektedir.[59] Yani çoğunluk, figürlerin tek tek açıklanması ile yetinilmektedir. Bulunduğu alanlarla ilişkileri

---

[56] Erkek başı, Kuban (1999: 120)'de, kuzeye bakar şekilde çizilmiştir. Tam tersi yöne baktığını düşünüyoruz. Bu konu hakkındaki değerlendirmemiz aşağıdaki bölümlerde yapılacaktır.

[57] Sağlık yapılarında figür kullanımı ile ilgili olarak bkz. Caferoğlu (1965); Öney (1969-70).

[58] İlk örnekler olarak Kayseri Gevher Nesibe ve Sivas I. İzzeddin Keykavus Darüşşifalarında figürle karşılaşılmaktadır. Ayrıca 12. Yüzyıla tarihlenen Konya Sarayı süslemelerinde ve yine I. Alâeddin Keykubad döneminde inşa edilen Konya surlarında yoğun figür kullanılmış olması, bunun Selçuklulara özgü bir özellik gibi algılanmasına neden olmuştur. Oysa Artuklu çevresinde inşa edilen yapılarda da figürle karşılaşılmaktadır. Ayrıca, Divriği Kale Camisi paye başlıklarının köşelerinde stilize aslan yüzlerinin bulunması ve 2010 yılından beri aynı alanda yürütülen kazılarda çok sayıda figürlü eserin açığa çıkarılması, Mengüceklilerin de eserlerinde yoğun figür kullandıklarının önemli bir göstergesidir. Şifaiye kapısında görülen figür kullanımı, Selçuklu Şifahiyelerindeki duruma benzetilse bile, Egemenlik Kapısı olarak daha siyasi bir anlam yüklendiğini düşündüğümüz batı kapıdaki tasarım kesinlikle Mengücekli zevkidir. Kale Camisi paye başlıklarında yer alan aslan figürleri için bkz. Boran (2002).

[59] Konu ile ilgili olarak bkz. Eser (1998).

üzerinde de durulmalıdır, bu sayede neden batı kapıya yerleştirildikleri daha iyi anlaşılabilecektir.

Şimdi eldeki veriler tekrar sayılacak olur ise iki çift başlı kartal figürü ile bir Şahin figürü ve ortalarında insan gölgesi.[60] Çift başlı kartalların I. Alâeddin Keykubad'ın arması olduğu açıklaması hatalı olmasa da doğru bir ifade değildir. Şöyle ki, Selçuklu sancağının siyah renkli olduğu ve üzerinde de bir çift başlı kartal figürü olduğu dönem kaynaklarında belirtilmektedir. Aslında çift başlı kartalla birlikte I. Alâeddin Keykubad'dan daha çok Selçuklu Devleti sembolize edilmiştir.[61] Böyle bakıldığında şahin figürü de Ahmet Şah'tan daha çok Mengücekli Devletinin simgesidir.[62]

---

[60]Tek kuş figürünün cinsi ile ilgili olarak farklı isim önerileri yapılmaktadır. Bu çalışmada şahin olarak kabul edilmiştir.

[61] Yeni bir tartışma yaratılması amacı ile figürlere ilişkin bir konuya değinmek gerekmektedir. Güney ve kuzeye bakar şekilde yerleştirilen kartal çifti, sahip oldukları üslup nedeni ile farklı duyguları hatta farklı cinsleri yansıtır olarak değerlendirilmişlerdir. Sahip oldukları üslup nedeni ile farklı ellerden çıkmış oldukları kolaylıkla anlaşılmaktadır. Üslupsal farklılık, yapının genelinde hâkim olan asimetrik düzenleme anlayışı ile açıklanabilir. Hiçbir detay aynı değildir, kompozisyonlar taş üzerinde olsalar bile, oldukça enerjik ve hayat doludurlar. Ancak neden aynı üslupta iki farklı kartal çifti yapmak varken farklılaştırılmışlardır? Hakkındaki değerlendirmelerimize devam etmek koşulu ile şimdilik konu ile ilgili önerimiz, güney yüzdeki kartalın daha eski olduğu ve ilk yapılan örnek olduğudur. Kuzeydeki kartal figürü ile şahin figürü ise aynı dönem içerisinde yapılmış olmalıdır. Kapıya Selçuklu ve Mengücekli devletlerini simgeleyen armaların aynı anda yerleştirilmiş olması, pek mümkün görünmemektedir. Bu işlem en azından 1236 sonrası yani I. Alâeddin Keykubad'ın ölümünü izleyen yıllarda yapılmış olmalıdır. Kuzeydeki şahin ve kartalın üslupsal benzerlikleri de bu yüzdendir. Bu iki figürün yerlerine sonradan yerleştirildiğini gösteren bir başka detay da köşeye yerleştirilmiş pandantif görünümlü parçanın ucunun kırık olmasıdır. Şahinin üzerinde yer aldığı taşı yerleştirebilmek için bu bölümün tıraşlandığı görülmektedir. Figürlere ilişkin farklı bir görüş için bkz. Pancaroğlu (2009: 170). Kuban (1999: 162), kuş figürleri ve kitabenin, yeniden inşa edilen kapıda kullanılmış özgün ögeler olduklarını belirtir.

[62] Mengücekli sancağı üzerinde şahin olma ihtimali düşünülmelidir.

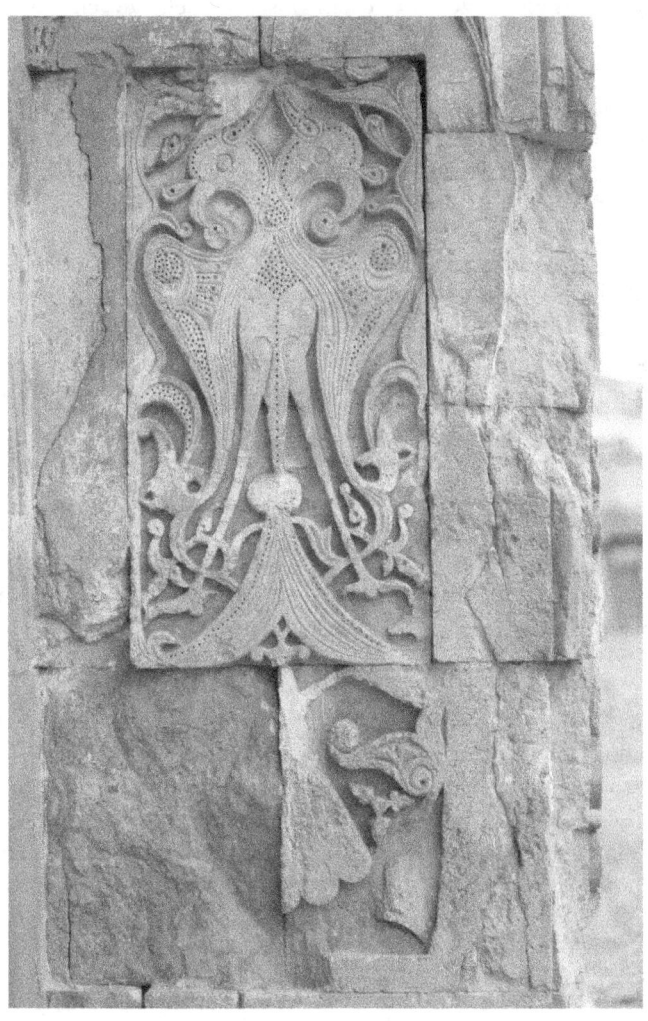

*Divriği Ulu Camii, Batı Kapı, Kuzey Bölüm
Çift Başlı Kartal Figürü*

Çarşı kapısı, Çıkış kapısı ya da tekstil kapı adı ile anılan kapı; eğimli yapısı, üzerinde çıkan insan silueti ve çift başlı kartalları ile Selçuklu Devletine bağlılık ve saygının gösterildiği ve bir anlamda ilan edildiği yüzeydir. Batı kapı eğimli yapısı ile kitabesinde belirttiği "halifenin" önünde, Ahmet Şah'ın ve Mengüceklerin saygısını mütevazı bir şekilde sunar. Bu hali ile kapı için aslında yeni bir öneri yapılması da olasıdır: Egemenlik Kapısı.

Bu değerlendirme sonrası, batı kapıda görülen eğimin bilerek tasarlanmış olduğu sonucu ileri sürülebilir. Kapının yıkılmış olması ve yeniden yapılmış olması -belki kaide bölümündeki dikkat çekici durum dışında- süslemelerin durumu göz önüne alındığında mümkün değildir.

D-Batı Kapı Kaidesi ve Düşündürdükleri

Cami batı kapısında günümüzde dikkat çeken bir diğer ayrıntı da iri kaval silmelerle basamaklı bir şekilde biçimlendirilmiş olan kaide kısımlarıdır.[63]

1910 yılında Max van Berchem ve Halil Edhem Eldem tarafından yayımlanan bir fotoğrafta, günümüzdeki kaval silmeli düzenlemeden farklı bir durum söz konusudur. İlgili fotoğrafın incelenmesi sonucu, kapının kaide bölümüne düz bir örgü yapıldığı görülmektedir. Kapının mevcut eğiminden daha farklı bir düzenlemeye sahip olduğu için araştırmacılar durumu yıkılmakta olan kapının desteklenmiş olduğu şeklinde yorumlamışlardır. Aynı hatalı görüş ve düşünce daha sonra yayılmaya ve

---

[63] Terminolojik olarak, *kapı yan kanat kaideleri* adlandırması daha doğrudur.

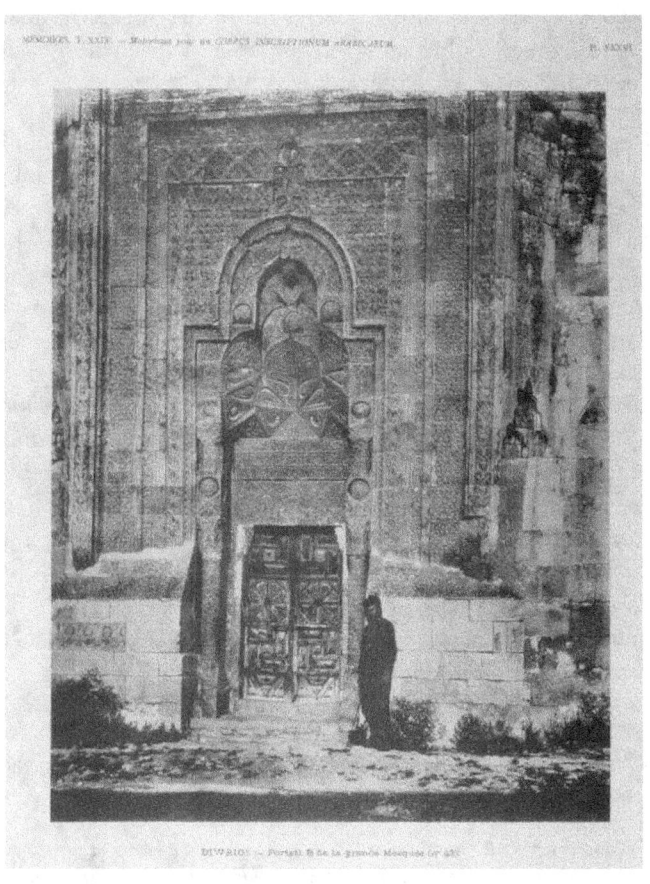

*Divriği Ulu Camii, Batı Kapı, Genel Görünüm
(Berchem-Eldem, 1910)*

seslendirilmeye devam edilmiştir. Hatta yine aynı yerde yer alan ve muhtemelen örtü ile ilgili yapılan bir çalışma için kurulan iskele de yıkılan kapının sağlamlaştırılma çabası olarak değerlendirilmiştir.[64] İki farklı seviyede iki farklı eğimle karşılaşılması, büyük ihtimalle anılan eki yapan ustaların kapının inşa özelliğini algılayamamalarından kaynaklanmış olmalıdır. Birbirlerine eklenen hatalı değerlendirmeler söz konusudur.

Kapının kaide bölümlerine yapılan bu eklerin tarihinin bilinmiyor olması, konu ile ilgili en önemli sorundur. Çünkü ilgili bölümün özgün halinin nasıl olduğunu tahmin etmek bu hali ile zordur. Ancak, özgününde kaide bölümünün bu kadar masif bir kurguya sahip olmadığı kesindir. Anılan fotoğraf nedeni ile kalın kaval silmelerle yapılan basamaklı kurgunun özgün olmadığı üzerinde durulmaktadır.[65] İlk bakışta doğru bir değerlendirme gibi görünmekle birlikte, tekrar gözden geçirilmesi gereken bir durumdur. Öncelikle, ne zaman eklendiği bilinmeyen masif destek parçalarının yapılmasına neden olan olay bilinmemektedir. Tüm işaretler ve veriler yapının batı bölümünde büyük ihtimalle 16. Yüzyılda gerçekleşen bir depremi işaret etmektedir. Yapının kuzeybatı köşesine eklenen, dairesel biçimli kütlesel desteğin de aynı döneme ait olduğu değerlendirilmektedir. Başka bir ihtimalle de yoğun trafiğe maruz kalan dar alanlarda yaşanan bir sorun

---

[64] Hakkındaki tüm olumsuz değerlendirmelere rağmen kapı belki yapıldığı günden biraz farklı da olsa hala güçlü bir şekilde rolünü yerine getirmektedir.

[65] Kuban (1999: 127)'de: *Bugünkü kaide ne diğer kapı kaidelerine ne de Osmanlı dönemi kaidelerine benzemektedir Kapının belki de bir kez daha yıkıldığı başka bir döneme ait olabilir. Bu çok profilli kaidenin, yapıda bir Hint etkisi olduğunu düşündüren önemli öge olduğu söylenebilir. Ne var ki, Hint yapı geleneğinde de buradaki ustayı etkilediği söylenecek bir kaide profili yoktur* değerlendirmesini yapar. Aynı eserde araştırmacı: *görsel deneyimi belki Hindistan'a kadar uzanmış, bir yerel usta grubunun varlığı da düşünülebilir* (1999: 160) diyerek yine en başa döner. Oldukça iddialı olan Hint etkisinin varlığı tekrar düşünülmelidir.

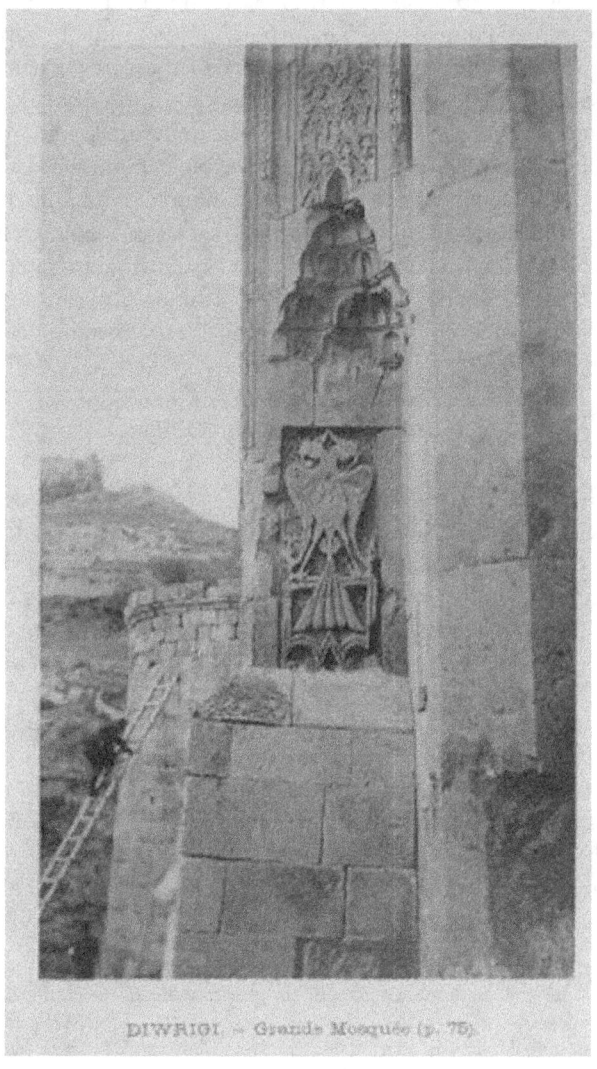

Divriği Ulu Camii, Batı Kapı, Güney Bölüm
(Berchem-Eldem, 1910)

olan kenarların yıpranması nedeni ile böyle bir kaplama yapılması da söz konusudur. Daha da önemlisi belki de bu kaplama söküldüğünde ne görüldüğüdür. Çünkü, yapıya uygun olmadığı belirtilen kaide düzenlemesi genel hali ile başarılıdır ve diğer kapılarda farklı büyüklükte kaval silmelerle yapılan düzenlemeler de bulunmaktadır. Batı kapıdaki kalın silmeli kaide düzenlemesi, yapının geri kalanı ile düşünülenin aksine gayet uyumludur.[66] Konu ile ilgili olarak akla gelen, masif dikdörtgen kaplama söküldüğünde görülen bir iz nedeni ile bu silmeli düzenlemenin yapılmış olduğudur. Bugün bilmediğimiz ve artık görme şansımızın da olmadığı bir veri, böyle bir düzenlemenin nedeni olmalıdır.[67]

8-Batı Kapıda İnsan Gölgesi

Divriği Ulu Camisine ilişkin dikkat çekici noktalardan birisi de caminin batı kapısında özellikle yaz aylarında görülen insan siluetidir. Her yıl yerli ve yabancı ziyaretçiler tarafından oluşması beklenen gölge, gün geçtikçe daha da ilgi çekmektedir.

Kapıda beliren bu etkileyici insan siluetinin, yapının mimarı tarafından bilerek tasarlanmış olduğuna yönelik elde herhangi bir kayıt bulunmamaktadır. Hatta döneminde fark edilip edilmediği de bilinmez. Bununla birlikte, söz konusu gölge net olarak izlenebilmektedir. Anadolu Selçuklu dönemi içerisinde Niğde'de inşa edilmiş olan Niğde Alâeddin Camisi doğu taç kapısında da özellikle sabah

---

[66]Gabriel'in konu hakkında fikir beyan etmemesi de büyük ihtimalle bu nedenledir.

[67]Günümüzde yapılan onarımlarda da istemeden de olsa zaman zaman keyfi uygulamalar mümkün olabilmektedir. Onarım konusunda kuşkusuz ustaların beceri seviyeleri de önemli rol oynamaktadır. Eğer batı kapının kadide bölümü böyle, aşağıdan yukarıya basamaklanan kaval silmeli bir düzenlemeye sahip değildiyse, bu formu buraya uygun gören ustanın gerçekten çok başarılı olduğunu belirtmek gerekir.

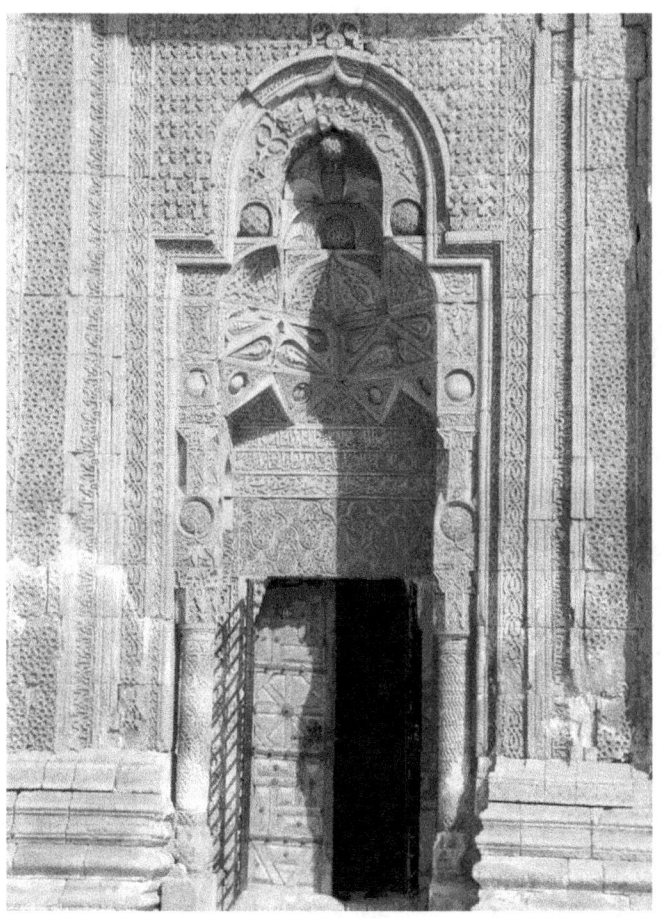

Divriği Ulu Camii, Batı Kapı, Huzurda İnsan Gölgesi

saatlerinde, bir kadının başı gölgesinin belirdiğine inanılmaktadır. Ancak elde yine söylence dışında bilgi yoktur.[68]

Konunun biraz olsun açıklanabilmesi için iki detay önem taşır. İlki, ibadet yapılarının kıble açısının ayarlanmasıdır. Modern rasat aletlerinin olmadığı günlerde, mimarların, belki çok küçük hatalarla kıble açısını tutturdukları görülmektedir.[69] Bu özellik meridyen hesabının bilindiğini göstermektedir. Kıble açısı nedeni ile yapının gün boyu güneş alan cephesi, 64,00 m uzunluğundaki batı cephesidir. Gölge de bu cephede yer alan kapıda ortaya çıkmaktadır.

İkinci dikkat çekici detay, güneş saati geleneğidir. Selçuklu döneminde güneş saati kullanıldığına yönelik elde veri yoktur. Namaz vakitlerinin tespiti için erken dönemden itibaren gelen alışkanlıkların devam etmiş olma olasılığı söz konusudur.[70] Bu noktada yapının mimarı ve tasarımcısı olan Hürremşah'ın yetiştiği yer önem taşır: Ahlat. Sanatsal özellikler açısından Ahlat'ı, Kafkas kültür çevresi içerisinde değerlendirmek mümkündür ve anılan çevrede inşa edilmiş olan kilise cephelerinde, kazıma güneş saatleri bulunmaktadır. Yani, güneşin konumu ve gölge konuları bilinmektedir. Mimar Hürremşah'ın, bu konularda bilgisi ve becerisi olduğunu ileri sürmek mümkündür. Kaldı ki,

---

[68] Her iki yapının da inşa tarihi birbirlerine çok yakındır. Hatta Divriği yapıları, Niğde Alâeddin Camisi'nden sonra inşa edilen ilk anıtsal yapıdır denebilir. Her iki yapıya ilişkin 'gölge' anlatısı dışında başka benzerlikler de söz konusudur. Bu noktada, şu da belirtilmelidir ki, Divriği külliyesi yapılarının inşasında, Selçuklu mimarlığının Niğde Alâeddin Camisinde ulaştığı noktanın katkısı da hep ihmal edilmiştir. Niğde Alâeddin Camii ile ilgili olarak bkz. Altun (1989); Özkarcı (2001).

[69] Kıble açısı konusunda bilinen tek hatalı örnek, Konya Alâeddin Camisi'nin I. Mesud dönemine tarihlenen doğu bölümüdür. Konu ile ilgili olarak bkz. Karamağaralı (1982).

[70] Yapıların konumu nedeni ile oluşan gölgelerden yararlanılmış olma olasılığı söz konusu olabilir. Bu konuda Diyarbakır Ulu Camisi bilinen tek örnek durumundadır. Harim duvarının gölgesi, avlu döşemesi üzerinde yer alan bir hat ve saat işaretlerinden oluşmaktadır (Çam,1990: 133).

yapının süslemeleri güneş-gölge etkisi düşünülerek yapılmışlardır.

Bu veriler ışığında, batı kapıda görülen gölgenin tesadüfi bir sonuç olmadığını, bilerek tasarlandığını söylemek mümkündür. Kapının genel uygulamalara uymayan iri mukarnaslı kavsarası da göz önüne alındığında, tasarımın bilerek yapılmış olduğu düşünülebilir. Dikdörtgen biçimli kapıyı çevreleyen ilk silme, genel çizgileri ile insan başı ve gövdesini andırmaktadır. İçerisinde oluşacak gölge de doğal olarak, insan bedeni şeklinde olacaktır. Yani sanatçı ne yaptığının farkındadır.

Darüşşifa, Taç Kapı, Kuzey Bölüm, Melek Figürleri

9- Sembolizm:

Bu değerlendirmeler sonrasında üzerinde durulması gereken bir diğer konu, sembolizmdir. Anadolu'nun, Selçuklu ve diğer Türk devletleri olan Danişmend, Mengücek, Saltuk ve Artuk oğulları tarafından alınması ile birlikte, sanatsal ve kültürel ortam değişmiştir. Bu değişikliğin izlerini o günlerde inşa edilen eserlerin şahitliğinde görmek mümkündür. Bu dönemle birlikte Anadolu, kendine özgü dili ile biçimlenen ve bezenen yeni yapı türleri ile karşılaşmıştır. Bizans dönemi uygulamaları ile görülen en büyük fark, Türk-İslâm yapılarının sahip olduğu süsleme ve bu süslemelerde gizli olan anlam dilidir. Yapılar bir yandan sahip oldukları plan şemaları ile evrenin merkezi olma iddiasını yansıtırlarken,[71] bir yandan da süslemelerinde zengin öyküler barındırırlar. Divriği yapılar topluluğu, her iki açıdan da plan bütünlüğü ve süslemeleri ile 13. yüzyılın ve hatta sonrasının da en zengin örneğidir. Buraya kadar söylenenler, çeşitli araştırmacılar tarafından dile getirilen ve bilinen genel özelliklerdir. Şimdi konuyu biraz daha açmaya çalışalım. Yapılan bir yüksek lisans tezinin de gösterdiği üzere, yapı topluluğunda 54 palmet, 20 rûmi ve 5 farklı lotus kullanılmıştır (Kutluay, 1988). Bitkisel bezeme söz konusu olduğunda, bu kompozisyon zenginliği ile başka bir yapıda karşılaşmak mümkün değildir. Bu bezemelere ilişkin ikonografik çözümlemeler de halen tam anlamı ile yapılamamıştır. Kapıları ya da iç mekândaki kimi mimari ögeleri süsleyen bu kompozisyonlar, kuşkusuz kendilerine özgü dilleri ile bir şeyler söylemektedirler. Örneğin bazı kompozisyonların hayat ağacına ya da aynaya benzetilerek anlamlarının açıklanıyor olması gibi. Süsleme kompozisyonlarının ve şekil gramerinin zenginliği, anlam dünyasının derinliği kabul görmüş bir değerlendirmedir. Konuya ilişkin tekrar

---

[71] Konu ile ilgili olarak bkz. Ögel (1986: 59-115).

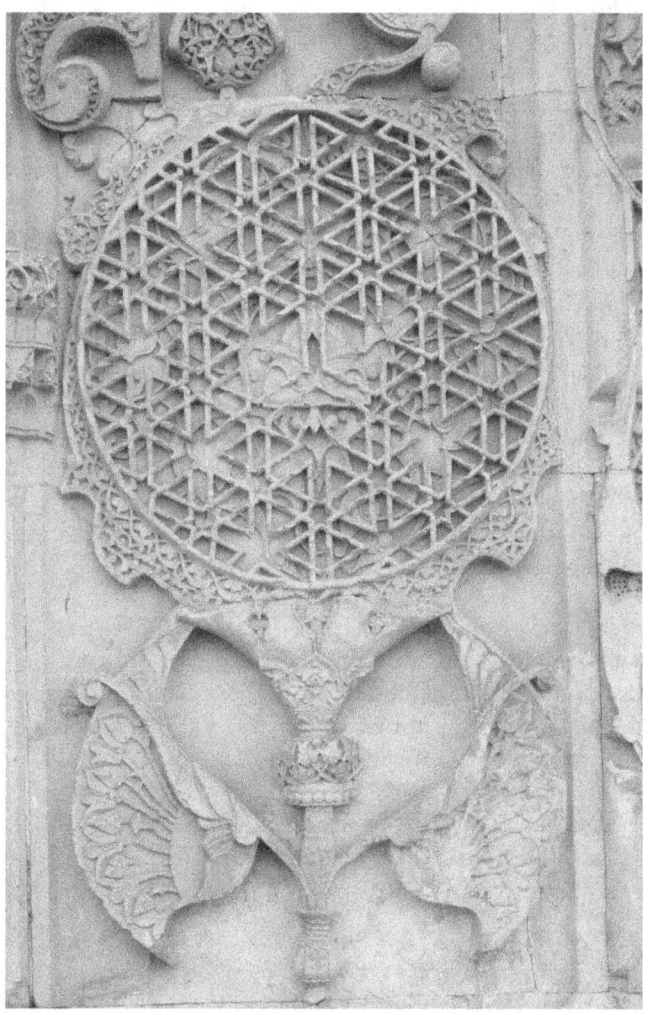

Divriği Ulu Camii, Kuzey Kapı, Ayna Motifi

amacı gütmemek için farklı bir ilişki ve özelliğe değinmek gerekmektedir. 13. yüzyıl çerçevesinde sanat eserlerine bakıldığında, özellikle ikonografik anlam dünyası açısından en zengin örnekler Selçuklu yapılarında görülmektedir. Yapı planlarından başlayarak süslemelerine kadar özenle seçilen kompozisyonlar uygulanmıştır ve ikonografik soyutlama açısından zengin ve değerli öyküler yansıtmaktadırlar. Selçuklu ile birlikte Anadolu'nun Türkleşmesini sağlayan diğer ilk dönem devletlerine bakıldığında, süslemelerinde yansıtılan sembolizm ve öykü dünyası açısından en zengin örnek Mengücek çevresinde karşımıza çıkmaktadır. Mengücek çevresinde inşa edilen bir yapı, içerdiği sembolik dil ile tüm Selçuklu ülkesinde inşa edilen örneklerden daha gelişmiş ve zengin bir kompozisyona sahiptir. Bitkisel, geometrik, insan ve hayvan figürlerinden oluşan süsleme türleri ile adeta yaratılış vurgulanmıştır. Eğer o günlerde bu konuda bir yarış olsa idi, neredeyse binden fazla yapı inşa eden Selçuklu devleti, Mengücekliler tarafından Divriği yapı topluluğu ile geçilmiş olacaktı.[72]

Şimdi eldeki verileri özetlemek gerekirse; her ikisi de geleneksel örneklerle de sabit olduğu üzere, sultan ya da saray tarafından inşa ettirilen bir Ulu Cami ve Şifahane bulunmaktadır. Bani türbesi de benzer kimi örnekte olduğu gibi, yapı topluluğu içerisindedir. Konum belirlenirken, sağlık yapısının kent dokusu içerisinde olmama zorunluluğunun etkisine de işaret edildi. Kaldı ki, biraz uzak ve yüksek bir noktada bulunuyor olması yapının anıtsallığını da arttırmış oldu.[73] Bezemeleri açısından da Selçuklu

---

[72] Selçukluların inşa ettikleri yapı sayısına ilişkin olarak yapılmış bir çalışma için bkz. Bayburtluoğlu ve Madran (1981).

[73] Yapının kuzeyinde bir avlusunun olmaması, en azından taç kapının görülmesini engellememiştir. Avlusu bulunmadığı için başka bir konuya dikkat etmek gerekmektedir. O da Camide mihrap aksı üzerinde yer alan büyük aydınlık açıklığıdır. Diğer birçok benzerleri gibi Osmanlı döneminde üzeri bir aydınlık feneri ile kapatılmış olmalıdır. Burası aslında bir iç avlu işlevi görmesi için tasarlanmıştır ve büyük bir ihtimalle ve

örneklerini bile geride bırakan sembolik bir zenginliğin altı da çizildi.

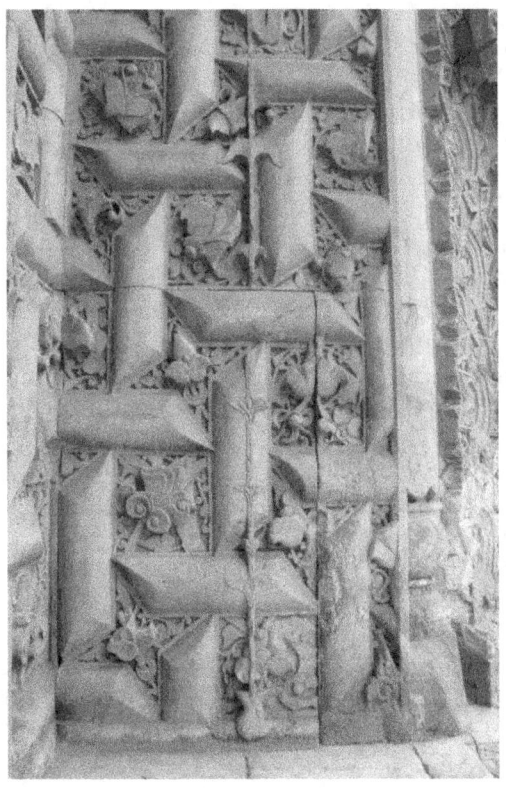

Divriği Ulu Camii, Kuzey Kapı, Batı Kanat
Su Kompozisyonu

---

benzer örneklerden hareketle, tam altında, bir havuz ya da su kuyusunun bulunması gerekmektedir.

10-Neden Divriği

Şimdi yanıt aranması gereken, tüm bunlar nasıl oldu da Divriği'de bir araya geldi sorusudur. Kayıt ve yazılı belge eksikliği, Anadolu'nun diğer eserleri gibi Divriği yapı topluluğu ile ilgili en önemli sorundur. Sanat ve Kültür Tarihçileri olarak, haklarında yazılı bilgi bulunmayan eserleri inceler ve açıklamaya çalışırken, çoğunlukla; *eserin bulunduğu çevre, dönem özellikleri, eğer biliniyor ise yaptıran kişinin sanat anlayışı ya da sanatçısının üslubundan* hareket etmek zorunluluğu söz konusudur. Divriği yapı topluluğunu, yukarıda verilen sıra ile incelemeye alacak olursak, yine ilk noktaya, yani bilinmeze ulaşılmaktadır. Eserin bulunduğu çevre, yansıttığı üslubun ne oluşumuna ne de devamına uygundur. İnşa edildiği dönem içerisinde de tek kalmıştır. Tekrarı, benzeri ya da daha gelişmiş bir örnek inşası söz konusu değildir.

Bani Ahmet Şah ve Melike Turan hakkında bilinenler de oldukça azdır. Ahmet Şah'ın külliye dışında, kale surlarının inşasını yürüttüğü bilinmektedir ancak sanat anlayışı hakkında bu veri de yeterli değildir.[74] Yapı sanatçılarının Ahlat kökenli oldukları bilinmektedir. Ahlat, Anadolu için önemi bir üslup ve sanat merkezi olmakla birlikte, 13. yüzyılın ilk çeyreğine ait bilinenler en azından yapı sanatı açısından oldukça azdır. Ahlat'ın gelişmiş taş işçiliğine sahip bir bölge olması, bu büyük programlı yapı ve bezemelerinin açıklanabilmesi için yeterli değildir. Tasarımın sıradışı özelliği nedeni ile Kuban, sanatçı için

---

[74]Kale kapısında olduğu belirtilen bir inşa kitabesinde Ahmet Şah'ın adı ve 1237 tarihi geçmektedir. Surun güneybatı bölümünde bulunan figür dizisi ve daha sonra 1252 yılında Melik Salih tarafından inşa ettirilen Arslan Burç üzerindeki figürler, Mengüceklerin sanat ve kültür anlayışlarına dair fikir verseler de erken dönemlerindeki tutum ve uygulamalarının anlaşılması konusunda yeterli değildir. Konu ile ilgili olarak bkz. Sakaoğlu (2005).

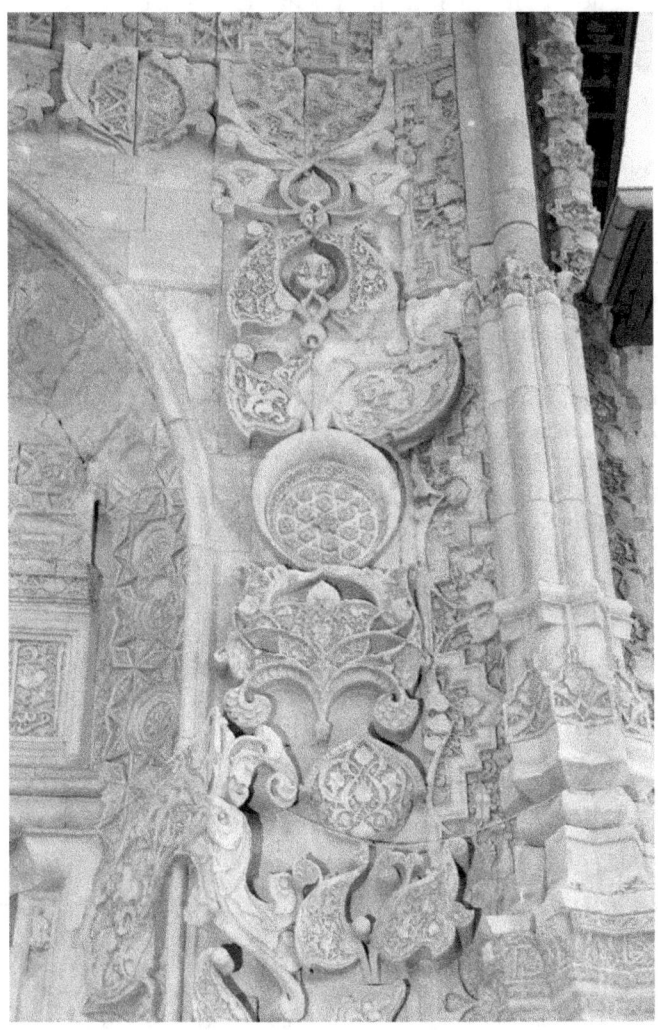

Divriği Ulu Camii, Kuzey Kapı,
Hayat Ağacı Kompozisyonu

"Divriği Ustası" diyebiliriz (1999: 163) demektedir. Yapılan her deneme değerlendirmesi, yukarıdaki döngü içerisinde gerçekleşir ve yine hep başa dönülür. Bilinenlerin azlığı ile birlikte bunun ana nedeni, eserin sahip olduğu *eklektik üslup* anlayışıdır. Nerede ise Gotik Avrupa örnekleri ile başlayan ve doğuda, Hindistan'a kadar uzanan bir çevrede görülen üslup detayları, bütün araştırma ve incelemelerde tekrar edilir.[75] Bu durum, özellikle sanatçıların adı geçen çevre ve dönem üsluplarından haberdar olmaları ile açıklanmaya çalışılmaktadır. Mimar Sinan örneğinde olduğu gibi, büyük eserler yaratan mimarların, hayatlarının bir bölümünde çeşitli nedenlerden ötürü dolaşmış olmaları söz konusudur. Ancak herhalde, Divriği yapı topluluğunda görülen üslup dünyasını görmek, analiz etmek ve sentezlemek için bir ömürden fazlası gerekmektedir. Yine başladığımız noktaya dönmüş olduk. Tasarım aşamasındaki öncüllükleri ve önemleri nedeni ile sanatçılar, daima ilk sırada sorgulanıp incelenirler. Orta Çağ toplumunu, biraz da belge eksikliği nedeni ile iyi tanımıyor olmamız, adları yapıda yer almayan, ikincil öneme sahip başka sanatçıların olup olmadığını anlamamızı da güçleştirmektedir. İnşası neredeyse 15 yıl süren bir eserde, mimar-mühendis kadrosunun daha fazla olma ihtimalini her zaman düşünmek gerekir. En azından sorumlu mimar ve sanatçıların, belki değişik çevrelerden gelmiş ya da yetişmiş olan, kalfa ve çırakları da bulunuyor olmalıdır. Yine üslupsal bir değerlendirme ile ulaşılan ve çeşitli çalışmalarda anılan bir diğer unsur da gezici sanatçı-

---

[75]D. Kuban, *Yine de Moğollardan kaçan Orta Asyalı ve özellikle Baktra'dan gelen ustalar, Suriye'den gelmiş Haçlı artığı taşçılar, Ermeni, Gürcü, İranlı her ülkeden insanın, esir ya da sığınmış olarak buluşmuş olmaları, o günlerin koşullarında olasıdır* (1999:38) demektedir. Erzincan kültür çevresinin zenginliği ve Divriği'nin önemli bir maden bölgesi olması, her çevreden ve farklı meslekten insanın burada toplanmış olmasını mümkün kılacak özellikler olarak görülebilir. Ancak akla şu soru gelmektedir: bu kadar çeşitli çevreden gelen insanların varlığına rağmen, yapı neden hiçbir dönem kaynağında anılmaz? Arel (1962:106)'da, *Bilâkis Hindistan'a giden etkiler söz konusudur* tezini ileri sürer. Üslup transferi tarafığı, görüldüğü üzere oldukça karışıktır.

zanaatçı grupların varlığıdır. Tasarımı malzemeye uygulayan da asıl bu gruptur. Böyle bir grubun varlığı ya da çalışmış oldukları bir yapı henüz kesin olarak tespit edilememiş olmakla birlikte, üslup ve tekniklerin dolaşımındaki paylarının azımsanamayacak önemde olduğu tahmin edilmektedir.[76] Zevk ve bilginin tasarıma dönüşmesi ancak ilk adım olacaktır, asıl mesele onu uygulamaktır ki, bu da hep isimsiz kahramanlar tarafından gerçekleştirilmiştir. *Değişik çevreleri görmüş bir yapı sanatçısı ve yine değişik üslup çevrelerinden gelen zanaatkârların inşa ettiği bir yapı ile karşı karşıyayız* şeklinde gelişen bir sonuca ulaşılması mümkün olmakla birlikte, bu çeşitliliğin, bu başarı ile bir araya getirilmiş olması ciddi zaman ve emek harcanması anlamını taşımaktadır. Üslupsal özellikler incelendiğinde, en az altı farklı grubun varlığı tartışılabilir haldedir. Farklılıklara rağmen, genel uyum mükemmeldir.[77]

Konuyu daha da açmak mümkün olmakla birlikte, üzerinde durulmayan bir detaya dikkat çekmek gerekmektedir. Orta Çağ, farklı bir iç dinamiğe ve yaşam anlayışına sahiptir ve daha önce de belirtildiği gibi bilgilerimiz de sınırlıdır. Sözü edilen zengin üslup dünyalarının varlığını öğrenebilmek için o bölgelere gitmek ya da o bölgelerden birilerinin gelmesini beklemek, doğrusu o kadar da gerekli değildir. Mimari eserlerin resimlerinin yer aldığı bazı yazmaların varlığı

---

[76]Konu açısından en önemli veri, yapı taşları üzerinde görülen taşçı işaretleri ve en azından başlangıç döneminde yakın çevreden davet edilen sanatçıların varlığıdır. Örneğin Selçukluların ilk dönemlerinde Suriye'den sanatçı davet ettikleri bilinmektedir. Konu ile ilgili olarak bkz. İnal (1982). Benzeri bir durumun, Divriği için de geçerli olması normaldir.

[77] Yapının bütününde kitabelerde anılanlar dışında çok sayıda elin varlığı söz konusudur. Uzun inşa süreci ve sayısız onarım bu konudaki en önemli şahitlerdir. Taş oyma gelenekleri açısından konuyu ele alan Kuban (1999: 154), *taş işçiliği açısından dört coğrafi bölgenin taş oyma gelenekleri üzerinde durmak gerekir. Güney Kafkasya ve Azerbaycan, özellikle Ermeni ve Gürcü mimari gelenekleri; Orta Anadolu Bizans geleneği, Kuzey Mezopotamya ve Suriye'de Geç Antik Gelenek üzerine oturan taş oyma geleneği ve 12. Ve 13. Yüzyıllarda Haçlı dönemi uygulamaları ilk yakın fiziksel çerçeveyi, oluşturur; buna Mısır da bir ölçüde katılmalıdır* demektedir.

bilinmektedir. Sultanların ve saray halkının iyi eğitim sahibi oldukları, okumayı sevdikleri ve bilgiye değer verdikleri düşünüldüğünde, Mengücekli Divriği'sinin el yazmaları açısından zengin olduğunu, Ahmet Şah ve eşinin, bu kitaplardaki tasvirlerin etkisi ile zengin bir estetik dil oluşturmak istemiş olmaları mümkündür. Aynı durum, sanatçılar için de geçerlidir. Örneğin, 13. Yüzyıl ikinci yarısına imzasını atmış olan Selçuklu saray mimarı Kelük b. Abdullah'ın, o dönem Konya'da bulunan zengin kütüphanelerdeki resimli yazmaları görmüş olduğu üzerinde durulmaktadır. Benzeri durumun, başka mimar ve yapı sanatçıları için de geçerli olma ihtimali küçümsenemez. Kelük, Divriği yapı topluluğu ve resimli kitap örnekleri arasında ilgi çekici bir bağın varlığı söz konusudur ve bu düşünce hiçte yabana atılır türden değildir. Selçuklu saray mimarının, mesleğinin ilk döneminde, Divriği yapı topluluğunda çalıştığını ya da en azından görmüş olduğunu düşünen araştırmacılar söz konusudur.[78] Bütün bunlar, Divriği yapı topluluğu hakkında daha çok düşünülmesi ya da çalışılması gerektiğini ortaya koymaktadır. En azından, yansıttığı sembolik değerler açısından ele alındığında bile, Selçuklu yapıları ile yarışan Divriği yapı topluluğu, I. Alâeddin Keykubad'la birlikte başlayan klâsik süreç içerisinde inşa edilmiştir ve yukarıda da belirtildiği gibi, tüm Anadolu yapıları içerisinde Selçuklu yapıları ile yarışabilecek tek örnektir.[79] Yapıyı Mengücekli ya da Selçuklu eseri olarak adlandırabilmek, elinizdeki yazıda açıklamaya çalıştığım bu karmaşık arka plan nedeni ile henüz kolay değildir. Mengücekli dönemine ait olası yazılı belgelerin ortaya çıkması ya da ilçede yürütülen arkeolojik çalışmaların,

---

[78]B. Brend, "The Patronage of Fahr ad-din Ali Ibn al-Husain and the Work of Kaluk ibn Allah in the Development of the Decoration of Portals in Thirteenth Century Anatolia", **Kunst des Orients**, X/1-2 (1975), s.160-186.

[79]Örneğin, Selçuklu döneminde özellikle I. Alâeddin Keykubad ile birlikte yoğun olarak kullanılmaya başlayan sekiz köşeli yıldız formu ve çift başlı kartalın varlığı, kitabede geçen isimden daha önemlidir ve bir Mengücek yapısında bu denli yoğun kullanılmış olmaları açıklama beklemektedir.

mevcut soru ve sorunların çözümünde fayda sağlaması kuvvetli bir ihtimaldir.

Son olarak yapı topluluğunun bir diğer özelliği üzerinde durulması gerekmektedir: Bitmemişlik.

Yapı topluluğunda özellikle süslemelerin bitmemişliği nedeni ile yarım bırakılmışlıktan söz edilmektedir.[80] Yarım bırakılmış olduğunu gösteren izler bulunmakla birlikte, bu durumun kabul edilmesi o kadar da kolay değildir. Öncelikle eser oldukça önemlidir ve Selçuklu devletine tabi olsa da bir Sultan yapısıdır. Bu durum için, yayınlarda üzerinde çok durulan konular dışında iki özelliğin rol oynayıp oynamadığının da düşünülmesi gerekmektedir.

İlki, İslâm sanatçısının erken dönemden itibaren yaşadığı bir paradokstur. Hatasız ve tam olan yalnız Allah'tır. Yapı eksikleri ile birlikte, adeta hatasız olması mümkün olmayan bir insan gibi bırakılmıştır. Doğal olarak bundan emin olmak söz konusu değildir. Düşünülmesi gerekir.

İkinci olasılık: yapı topluluğunun inşası bitmeden hakkında bilgi bulunmayan Turan Melek'in ölmüş olmasıdır. Belki de bu nedenle inşaatın olduğu gibi bırakılması istenmiş olabilir. Büyük bir aşkın ürünü olduğu kesin olan yapının etrafında, bu türden trajedilerin varlığı da şaşırtıcı olmayacaktır aslında. Belki vakfiyede Ahmed Şah'ın eşi yerine, annesinin adının geçiyor olması da bu nedenledir. Aksi halde bir sultan yapısının bitirilmemesi söz konusu bile olmazdı.

---

[80] Kuban (1999:39)'da: *Kuzey taçkapısının, Şifahane taçkapısının ve mihrabın bitmemiş olmaları ve yonusal nitelikleriyle birbirlerine bezemeleri, bunların, yapının ilk ustaları ya da ustası tarafından yapıldığının kanıtıdır. Yarım kalmaları, patronun ya da ustaların ölümü, veya kentin Moğollar tarafından ele geçirilmesiyle ilgili olabilir. Cami'nin batı kapısının diğerleriyle üslupsal ilgisi olmayan bezmesi ve tümüyle birmiş olması, batı duvarı yıkıldıktan sonra, bazı eski fragmanların kullanılarak yeniden yapıldığını kanıtlamaktadır"* demektedir. Bu ifadelerden, inşaatın yarım kalmasından daha çok uzun süre bitirilemediği anlaşılmaktadır.

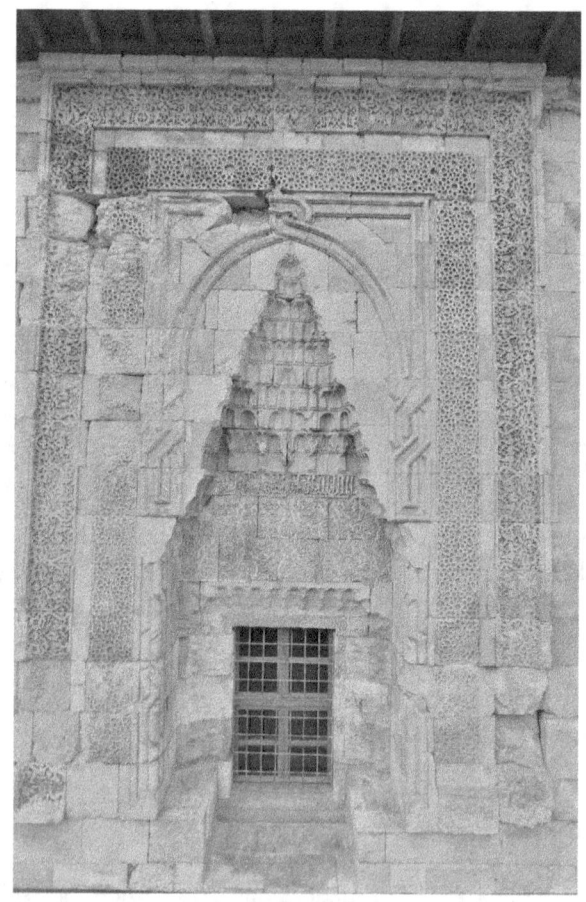

Divriği Ulu Camii, Doğu Cephe, Sultan Mahfili Kapısı

11- Yapı Topluluğu Hakkında Yeni Bir Görüş

Elinizdeki çalışma kapsamında, Divriği yapı topluluğuna dair bazı konuların tartışılması ve tartışılmaya açılması hedeflenmiştir. Kuşkusuz ele alınacak daha çok konu bulunmaktadır ve araştırmacıların ilgisini beklemektedir.

Böyle bir esere sahip olmak bizim için bir gurur kaynağı olmakla birlikte, başka bir düzeyde, kültür tarihi içerisindeki yeri ve başarısı tartışmalıdır.

Yapı topluluğu hakkında çalışan araştırmacılardan Max van Berchem *kötü bir zevki yansıtan, Müslüman sanatının en garip ürünlerinden birisi*; Albert Gabriel ise *kuzey kapısının tümü olağanüstü bir zenginlik içermesine karşın, bazı düzenler hoş değil (rüküş);* Oleg Grabar, *"çok zengin abartılmış" büyük bir taşkınlık içinde, İslâm tezyinatı prensiplerine aykırı* görüşlerini belirtmişlerdir (Kuban, 1999: 207, not.175).

Yukarıda sunulan görüşler, yapıyı tanıyan ve hayran olanlar için rahatsız edici gelebilir. Araştırmacıların biraz da maksadını aşan türden cümleler kurmaya iten, özellikle de süslemede görülen taşkınlık halidir. Yapı eğer 1228 değil de 1528 ya da 1628 yılında inşa edilmiş olsa idi, kuracakları cümleler daha farklı olabilecekti. Sorun özellikle süslemelerinin; zamanını aşan, çok ilerisinde olan bir üslup anlayışına sahip olmalarından kaynaklanmaktadır.

Yukarıdaki bölümlerde tartışılmaya çalışıldığı gibi, bu üslupsal zenginliğin varlığı daima sanatçı ya da sanatçıları ile ilişkilendirilerek açıklanmak istenmiştir ki, artık bunun da yeterli bir çözüm olmadığını söyleyebiliriz. Buraya kadar yapmış olduğunuz okumada, bani yani yapıyı yaptıran kişi ve kişilerin etkisi vurgulanmaya çalışılmıştır.

Sanat eserlerini yaptıranların, usta ve dolayısı ile eser

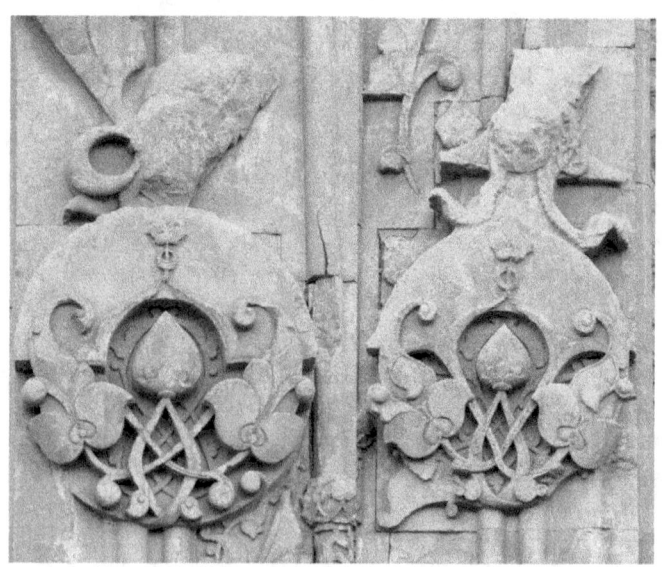

Darüşşifa Kapısı, Erkek-Kadın Başı Kabartmaları

üzerindeki etkileri kesin bilinmeyen çizgilere sahiptir. Ancak, ekonomik gücün sahibi olarak sanat patronlarının özel istekleri olabileceği, genel kabul görmüş bir görüştür.

Geleneksel çizgilere uymayan, daha sonra da uzun süre izlenmeyecek üsluplara sahip eserlerde sanatçıdan daha çok bani isteği rol oynamaktadır. Orta çağ sanatçısı öyle düşünüldüğü gibi özgür ve ne isterse onu yapabilir birisi değildir.[81] Sanatçıya atfedilmeye çalışılan başarı, bu anlamda çok abartılıdır.

Daha önce de belirtildiği gibi ne Ahmet Şah ne de eşi Turan Melek hakkında elde veri bulunmaması önemli bir sorundur. Bununla birlikte, aralarında büyük bir sevgi olduğu ön görüsünden hareketle, yapının büyük bir aşkın ürünü olduğu kabul edilebilir.[82] Adı geçen bu aşkın iki farklı hali söz konusudur. İlki ilâhi aşk olarak adlandırılabilir ki, Allah korkusu ve lâyık olma isteği sonucudur. Aşk'ın ikinci hali ile kadın ve erkek arasında olandır.

İki insan arasında sevgi bağını yansıtmak, günümüz insanı için birçok enstrümanın kullanıldığı, alışıldık bir durum haline gelmiştir. Doğal olarak, Orta Çağ'da iki insanın birbirlerine duydukları aşkı yansıtma ve gösterme şekilleri farklı olacaktır. Belki bazen resim yaptırılması, sevgili adına bir mesnevi ısmarlanması ya da Divriği Yapı Topluluğu süslemelerinde olduğunu iddia edeceğimiz gibi, *büyük aşıklara benzeme arzusu.*

Orta Çağ masal dili zenginliği açısından dikkat çeker. Büyük aşklar ve büyük aşkların yazarlarının dönemidir. Bu aşk hikayelerden Genceli Nizami tarafından, mesnevi tarzında

---

[81] Kendisini ispat etmiş bir sanatçının, lonca yani meslek grubuna bağlı olduğu ve mevcut formları uygulama zorunluluğunun varlığı unutulmamalıdır.

[82] Bu anlamda benzeri cümleler daha önce de birçok araştırmacı tarafından defaten tekrar edilmiştir.

yazılmış olan Hüsrev ve Şirin en meşhur olanlar içerisinde yer alır. Aynı hikâyede, Şirin'e âşık olan mimar Ferhat'ta bulunur ve asıl aşık da aşkı için ölen Ferhat'tır.[83]

Yapının kuzey kapısındaki taşkın üslupla birlikte; insan, hayvan ve bitkilerden oluşan zengin motif dünyası, bu büyük aşk masalından fırlamış cümleler gibidirler. Yazar eserinin birçok yerinde, *taş içerisindeki cevher*'den ve *hayat bahçesi*'nden bahseder.

Divriği yapı topluluğu süslemelerindeki konu ve tür çeşitliliğine bakıldığında, yaratılışın vurgulanmış olduğu sonucuna ulaşılması doğal sonuçtur. Bununla birlikte, kuzey kapı hakkında yapılan değerlendirmelerde daima *cennet ikonografisi* ön plana çıkar. Tüm varlıkların vurgulandığı yer, pekâlâ da **Hayat Bahçesi** olabilir.

Nizâmi'nin, Hüsrev'in yardımcısı Şapur'un ağzından söylettiği sözler de dikkat çekicidir: *"Şayet ateş gibi demirin içinde saray da yapsa, cevher gibi taşın içinde de gizlense, kuvvetle, hile ile ateşi demirden, cevheri taştan çıkarır gibi onu dışarı çıkarırım"* (Nizâmi, 1949: 10; Nizâmi, 2012:101). Divriği yontusunda yapılan şey neredeyse bu cümleler içerisinde gizli gibidir. Taşın içerisinde gizli hayat bahçesi ve cevherler dışarı çıkarılmıştır.

Divriği yapı topluluğunun süslemelerinde, Genceli Nizâmi'nin metnini görüyor olmamızın bir diğer nedeni,

---

[83] Dönem yazarları içerisinde, Mengücek çevresinde en iyi tanınan Genceli Nizâmi olmalıdır. *Mahzenü'l-esrar* adlı eserini, 1174 veya 1176'da Erzincan Mengücekli hâkimi Behram Şah adına yazmıştır. 2400 beyitten oluşan mesnevi karşılığında, önemli miktarda ödül aldığı bilinmektedir. Bunun için Erzincan'a gelmiş olması da mümkündür. Detayları bilinmeyen bu ilişki, yazarın diğer eserlerinin de Mengücekli çevresinde bilindiğini göstermektedir. Hüsrev ile Şirin mesnevisi de aynı yazara ait olup, 1180-81'de yazıldığı düşünülen eser, 5700-7700 arasında değişen beyit sayısına sahiptir. Eserde Sasani hükümdarı Hüsrev-i Pervîz ile Ermeni prensesi Şîrin'in aşk hikâyesi anlatılmıştır (Kanar, 2007: 184).

Şifaiye taç kapısındaki kadın ve erkek kabartmalarıdır. Taç kapının güneyinde kadın, kuzeyinde ise bir erkek başı, birbirlerine bakar vaziyette yerleştirilmişlerdir.[84] Kadının yüzünün tamamı, yanlarına doğru yerleştirilmiş örgülü saçları ile erkek figürüne doğru dönmüş vaziyettedir.[85] Erkek figürünün kendisinden daha uzun olduğu, başın hafif arkaya eğik olarak işlenmesinden anlaşılmaktadır. Kuzeyde yer alan erkek figürü, güneye yani sola doğru bakar durumda ve ¾ profilden tasvir edilmiştir. İlginç bir başlığı ve kulağında büyük boyutlu bir küpe bulunmaktadır.

Sağlık yapılarında kadın ve erkek başı kabartmalarının daha önce de kullanıldığı belirtilmişti. Ancak, Divriği örneğinde figürler net olarak birbirlerine bakmaktadırlar. Erkek biraz daha uzundur ve başı kadın figürüne doğru hafif eğimlidir. Bu daha uzun olduğunun bir göstergesi olabileceği gibi aynı zamanda saygı ifadesi de olmalıdır.

Ahmet Şah ve Melike Turan'a ait oldukları düşünülen kabartmalar, yine Genceli Nizâmî'nin metinlerinden fırlamış gibidir. Mimar Ferhat, Şirin'e sağlıklı süt getirebilmek için bir kanal ve havuz inşa eder. Bundan sonrası için hikâyeye dönelim: *"Şirin, sütü getirtmek zahmetinden kurtulunca, Ferhat'ı yanına çağırdı, onu mecliste kendi yakınlarının arasında en mutena bir yere oturttu ve ona: Senin, dedi, üstatlık hakkını nasıl ödeyelim? Çünkü biz sanatkârların ücreti nedir bilemiyoruz. Şirin'in küpelerinde cevher olarak işlenmiş öyle incileri vardı ki kıymette her biri inci bir taç ve bir şehrin haracı tutarında idi. Onları kulağından çıkardı, tatlı dille özürler beyan ederek kabulünü rica etti ve: Bunları al ve sat, dedi, eğer zaman gelir de bunlardan daha kıymetlisini ele geçirirsek, hakkını yerine getirmezlik yapmayız... Ferhat, bir hazine değerinde olan o incileri teşekkürler ederek aldı ve Şirin'in ayakları*

---

[84] Figürler aşırı tahrip olmuş haldedir. Kıymet bilinmemiş olması üzücüdür.

[85] Eserin daha sonra resimlenen nüshalarında, gölde yıkanma sahnesinde Şirin'in uzun siyah saçları, iki yanına doğru sarkıtılmış vaziyette tasvir edilmiştir.

altına serpti" (Nizâmi, 2012: 228).[86]

Uzun boyu, kulağında inci formlu küpesi ile Ferhat'ın yerini almış Ahmet Şah ve karşısında, örülmüş uzun saçları ve bütün güzelliği ile Şirin'in yerini alan Melike Turan.

Divriği Yapı Topluluğu büyük bir aşkın ürünüdür. Hüsrev ve Şirin hikâyesinde kendilerinden bir şeyler buldukları anlaşılan Ahmet Şah ve Melike Turan'ın aşkları anısına inşa ettirilmiştir. Yapının özellikle süslemeleri ile dönem üslubundan çok farklı olmasının arkasındaki ana neden de budur.

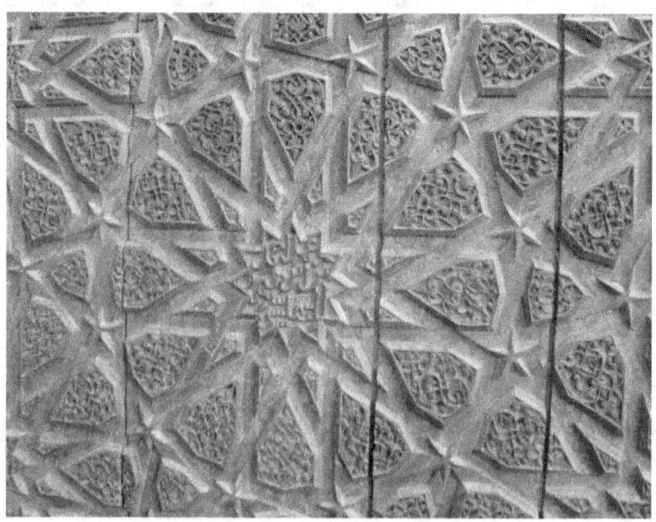

Divriği Ulu Camii, Minber, Usta Kitabesi

---

[86] Karşılaştırma için bkz. Nizamî (1949: 34).

12-BİTİRİRKEN

1228-29 yılında Divriği'de inşa edilen ve Cami, Türbe ile Şifaiye'den oluşan yapı topluluğu, 13. Yüzyıl yapıları arasında en tartışmalı olanıdır. Döneminden farklı ve çok ileride bir üslup dünyasını yansıtıyor olması, yapıyı benzersiz kılmaktadır.

Hakkında yapılmış olan çalışmalara rağmen, çözüm bekleyen birçok sorun hala varlığını sürdürmektedir. Yapılan açıklama ve değerlendirmeler de zaman zaman daha farklı sorunlar oluşturmuştur.

Yapının onarım geçmişinin iyi bilinmiyor olması, müdahale oranı konusunda emin olunamamasına neden olur. Bu durum günümüzde yapılan daha dikkatli çalışmalarla sorun olmaktan çıkmaktadır.

Yapının özellikle süslemelerinde karşımıza çıkan üslup dünyası, sürekli olarak sanatçı etrafında çözümlenmeye çalışılmıştır. Oysa Orta Çağ sanatçısı, düşünüldüğü kadar özgür bir kimlik değildir ve katı kurallara bağlı çalışmaktadır. Yapıda görülen bu zengin ve farklı sonuç, büyük ihtimalle bani isteğinin sonucu ortaya çıkmış olmalıdır.

Dönemin büyük yazarı Genceli Nizâmi'nin, Mengücek çevresinde tanındığı bilinmektedir. Kuşkusuz aynı yazar tarafından mesnevi tarzında yazılmış olan Hüsrev ile Şirin hikâyesi de bilinmekte ve okunmaktadır. Anılan eserde geçen ve yazar tarafından sık sık kullanılan bazı kavramların taşa işlendiği, daha doğrusu taşın içerisinden büyük bir başarı ile çıkarıldığı görülmektedir.

Divriği Mengüceklilerinin yöneticisi ve eşi arasındaki sevgi ve aşkın, Hüsrev ile Şirin hikâyesinin kahramanları arasındakinden daha derin olmadığını söyleyemeyiz. Öyle olmasa bile, banilerin, inşa ettirdikleri anıtsal yapı topluluğunda, böyle bir aşk hikâyesinin işlenmesini istemiş olmaları gayet normaldir.

Orta çağın masalsı dili içerisinde sık sık kullanıldığı anlaşılan *hayat bahçesi* ve *aşk* kavramları, kahramanları ile birlikte, yapının süslemelerine serpiştirilmiş olarak karşımızdadır. Yazı dili, her türlü anlamsal abartı ve coşkunun gerçekleştirilebilmesi için uygundur. Yazar, duyguları yansıtabilmek için sözcüklerin tüm olanaklarını sonuna kadar kullanabilir. Taş farklıdır ve taşta aşk, ancak bu kadar büyük bir başarı ile yansıtılabilir.

Bu tarzın taklit edilmemesi ve yapıda görülen kompozisyon özelliklerinin başka çevrelerde uygulanmamasının arkasındaki neden de bu özel inşa amacı olmalıdır.

Artık bitirirken son olarak belirtmek gerekir ki, yapı uzun bir onarım sürecine alınmıştır. Yapı topluluğundan çeşitli nedenlerle alınarak, Sivas ve Ankara müzelerine götürülmüş olan bütün parçaların, yuvalarına geri dönmesi daha doğru olacaktır.

Divriği Yapı Topluluğu, yansıttığı değerler açısından, yalnız ülkemiz için değil tüm Dünya kültür tarihi açısından önemli ve özeldir. Sonsuza kadar yaşaması ve korunması en büyük dileğimizdir.

13-ABSTRACT[87]

THOUGHTS ABOUT A MIRACLE:
DİVRİĞİ GREAT MOSQUE AND HOSPITAL

The starting point of this small book in your hands named *Thoughts about a Miracle* is Tree of Life. It is the article which has been published in the Divriği Special Issue of Şehir Kültürü Dergisi (City Culture Magazine).[88] In the mentioned work, it has been attempted to deal with certain problems related to the structure group and our views on these have been presented. This study has been created with the addition of new questions and views.

The structure which was constructed in 1228-29, in Divriği and named as *Mescid-i Cami* in its epitaph is an extremely important work both for Anatolian Turkish cultural art and world cultural art. The importance and value of this work has led to its being officially registered as World Heritage Site in 1984 and the site still carries this status.

Thoughts about a Miracle: The purpose of this study is not to promote Divriği building complex. The parts of this structure have been the subject or a part of numerous studies until the present time. Rather than repeating the data obtained until now, it has been considered that indicating certain issues which perhaps many researchers and followers are curious about would be more beneficial.

---

[87] A long Summary is intended for foreign researchers and readers.

[88] Tree of Life, Şehir Kültürü Dergisi (City Culture Journal) with the title **Thought about a Miracle**, Special Issue, 19 (2012), Sivas; this is the expanded and developed version of the article published on pages 55-62.

To be able to create new discussions and evaluations, the underlined questions and problems for which answers are sought are as follows:

1- The Location of the Building Complex;
2- Mosque-Hospital Relationship;
3- Epitaphs and their importance in terms of 13th century Anatolian Cultural History;
4- About the Plan;
5- About the Wall Technique;
6- The Sloping Structure of the Western Door;
   A-Structural Differentiation,
   B-Differentiation through Written Expression-Message,
   C-Differentiation through Ornamentation and Iconographic Message,
   D-Western Door Retaining Wall and what it brings to Mind;
7- Human Shadow on the Western Door;
8- Symbolism;
9- Why Divriği?
10- A New View on the Building Structure

1. The Location of the Building Complex

The first point to be discussed is the location of the Building Complex. It is believed that the Mengujek Palace, along with a few service structures, is in the immediate environment and in particular in the eastern area. Firstly, Great Mosques in the Islamic urban model have always been built within the city's commercial center. The area in which Great Mosque is located emphasizes the commercial center of the city. The situation is different in Divriği and in this area, an expectation of an urban texture due to the Hospital is not in line with the present knowledge. The structures related to health, which are surrounded by housing structures, today were being constructed outside Middle Age cities but in nearby places. Because of the Hospital next to it, Great Mosque must have been at a point which had a dominant position in the city and without any other structures around it.

2. Mosque-Hospital Relationship

Construction of the worship and health structures together seems like a rational solution at first. Divriği Great Mosque and Hospital are the only known examples of a mosque and hospital next to each other. When all the structure types are analyzed, it can be seen that Great Mosque and the Hospitals were constructed with the orders of the Sultan and the palace. The most important reason for this is the need for a serious number of workers. Both of the structures as a system could not continue to work within a normal budget. The historical records indicate that there were at least 12 workers in the Mosque. It can be assumed that there were fewer workers in the hospital or the section which was later transformed into a madrasa.

3. Epitaphs and their Importance in Cultural History

The doors are important not only because of their style but also due to the epitaphs they carry on them. The function of the structure they are on, the person who had them done (along with the father's name) and sometimes the architect's name and construction date are learned from the epitaph texts which were prepared in accordance with a specific letter mould. When the Divriği Great Mosque epitaphs are analyzed in this light, in particular the northern and western door epitaphs contain remarkable expressions.

The first part of the construction epitaph which is on the northern door, the following expression can be seen: *During the days of the sultanate of the Great Sultan Alâe'd-dünyâ ve'd-din Keykubâd bin Keyhüsrev who was the partner of the khalifa.* The meaning of the expression "Partner of the Khalifa" should be emphasized. At least in terms of its state in that period of time, the position of khalifa which was the ruler of the Islamic world only at the moral level by then is not a position which can be shared. No khalifa is known to have given this title to a sultan. Therefore, it may be considered that this usage might have developed out of a personal wish. In its simplest term, being partners with the khalifa means being the khalifa himself.

4. About the Plan

Despite its impressive appearance, when the plan of Divriği Great Mosque and Hospital is analyzed, it can be seen that there are some anomalies in the placement of especially the retaining walls and the arches which connect these. Except for the retaining walls and the arches, neither the doors are on accurate axis, nor is there a geometrical relationship between the southern part of the mosque and the units of the hospital.

The ground is important in terms of the reasons for this kind of geometrical flaws [!]. The ground affects the geometry of the structure in two ways. The first is the structural defects in question of the ground where a structure is to be constructed. The second is the possibility that a foundation or foundations which belong to a previously built structure are used. We would like to point out to a third reason leaving aside these two possibilities: Danger of Earthquakes.

5. About the Wall Technique

Divriği Building Complex is the product of successful material-technical knowledge and experience. It is known that the structures of this era were built with face stone paving on debris walling. As the structures were able to remain intact for a long time with thick walls made of khorasan mortar, insulation which is among the most important problems of modern architecture today was thus solved.

As a result of the continuous research we have been doing for years, we have come to the conclusion that the western wall of the structure, which leans on the slope and in a way, serves as a retainer wall, is older than the other walls.

6. The Sloping Structure of the Western Door

Since the sloped structure of the door is interpreted differently by researchers, it can be stated that it is the main problematic places in terms of the social complex. A rumor has been going on for years both among the public and the researchers that the door and thus the facade is about to collapse.

There are some details which led us to think that the door has originally been designed this way. The first of these is that it must be related to the iconographic meaning as it is ascribed to. As the architectural aspects, may give a message with their structural characteristics, they can also carry a written meaning, and this can be regarded as having an important meaning in terms of the society. Lastly, it might be carrying an iconographical message which can be seen five times a day and renewed in a way.

A- Structural Differentiation

In order for a structure to be structurally differentiated, different methods can be followed. Exaggeration of its dimensions can be suggested as the first method which comes to mind. However, such a case is not valid for the western door because both the northern door and the Hospital Door are impassable barriers.

B- Differentiation through Written Expression-Message

The Epitaph on the western door of the Divriği Great Mosque is a construction epitaph and the text tells us about the constructor and the construction date. The text up to this point is in line with the general epitaph models. However, an expression used there is noteworthy: *"By the assistant of the Khalifa, Ahmet Shah."* This part of the epitaph is quite important as an expression of loyalty. The khalifa in question here is the Seljuk sultan. There, it can be stated that the door has a more 'official' context.

C- Differentiation through Ornamentation and Iconographic Message

The effects of the structures on the arrangement of their placement have been explained above. In general, door arrangement appears as a special topic both in exterior facades and the interior in terms of both the structure and the city. In the section above, the 'official' role which the door carries have been attempted to be explained. The ornaments are needed to be analyzed whether they are in line with the mentioned 'official announcement' and humble position.

In the northern and southern parts of the western door,

there are 3 animal depictions on the stone blocks, two of which are double headed eagles and one of which is most likely a hawk. In almost all of the studies about the structure, the figures have been mentioned. The general approach is that, the double headed eagle is the symbol of the 1st Seljuk Sultan and the Hawk figure is the symbol of the Mengujek Sultan Ahmed Shah. The bent head of the hawk figure is even interpreted as the expression of respect for the Seljuk sultan. In fact, the Seljuk State is symbolized with the double headed eagle rather than Alâeddin Keykubad I. In this respect, the hawk figure is the symbol of the Mengujek State rather than Ahmed Shah.

D- Western Door Retaining Wall and What It Brings to Mind

Another detail which grabs the attention on the western door of the mosque is its retaining parts which are shaped in the manner of steps with large quarter round mouldings. In a photograph published in 1990 by Max van Berchem and Halil Edhem Eldem, it can be seen that there is a different arrangement from today's quarter round moulding. Due to the photograph in question, it is considered that the stepped arrangement with thick quarter round mouldings is not original. The most important question about the issue is what is seen when the original moulding is removed.

7. Human Shadow on the Western Door

One of the striking aspects about Divriği Great Mosque is the human silhouette on the western door of the mosque in particular during the summer season. The shadow which is expected to be seen by foreign and domestic visitors is drawing more and more attention each day. In order to make this issue clearer, there are two details which are important. Firstly, the worship structures' kiblah angle has been arranged. The second interesting detail is the tradition of the sundial. It is possible to suggest that Architect Menguberti had knowledge and skills in this area.

8. Symbolism

In the light of these evaluations, another subject to be underlined is symbolism. The Divriği Building Complex is the richest example of 13th century and even beyond both in terms of plan integrity and ornamentation.

As shown in a master's thesis, 54 palmettes, 20 rumi and 5 different lotus motifs have been used on the building. In terms of plant ornamentation, it is not possible to see such a rich composition in another structure. The iconographic analyses about these ornamentations have still not been fully made. A structure constructed in the Mengujek area is more developed and has a richer composition compared to the other structures constructed in the whole Seljuk country due to the symbolic language it contains. It seems that creation has been emphasized with the ornamentation types which consist of plant, geometrical, human and animal figures. If there had been a competition in those times on ornamentation, the Mengujeks with the Divriği Building Complex would be on the top compared to the Seljuk state which constructed over almost a thousand structures.

9. Why Divriği?

The current question which needs to be answered now is how all these came together in Divriği. The lack of records and written documents is the most important problem for the Divriği Building Complex just like the others belonging to Anatolia. As art and culture historians, it is required to mostly take *the environment in which the work of art is found, the characteristics of the era, the understanding of art of the person who got the work done if known or the style of the artist* into consideration. If we analyze the Divriği Building Complex in terms according to this list, once again we arrived at the starting point, which is the unknown.

The Middle Ages have a different inner dynamic and understanding of life and as mentioned earlier, our knowledge of the period is limited. To be able to learn about the worlds of rich styles the structure reflects, it is not that necessary to go to those areas or wait for some other people to come back from them. It is known that some manuscripts exist which contain pictures of architectural Works. It is possible to think that Mengujek Divriği is rich in handwritten manuscripts and that Ahmed Shah and his wife have created an aesthetically rich language under the influence of the depictions in these manuscripts. The same is true for the artists as well. Naturally, the construction of such a work is the result of a strong economy. The Divriği area has rich mineral deposits and it is known that these were a part of trade.

10- A New View on The Building Structure

Within the scope of the study you have in your hands, it has been aimed at discussing certain issues and opening them up for discussion. Without doubt, there are numerous issues to be dealt with and they await the interest of researchers.

Although the creation of this kind of work is something we are proud of, its place and position within the cultural history is something which needs to be analyzed carefully.

Max Van Berchem, who has worked on the building structure, stated that it is *one of the strangest products of Muslim art which reflects bad taste*, whereas Albert Gabriel has stated that *although the northern door as a whole embodies an immense wealth, certain arrangements are not tasteful (frumpy)* and Oleg Gravar has stated that it is *against the principles of Islamic ornamentation style reflecting a great extravagancy "which is excessively rich"* (Kuban, 1999: 207, note: 175).

The views presented above may be disturbing for those who know and admire the structure. What causes the researchers to express views which exceed the purpose is the exaggeration seen in particular in the ornamentations. If the structure had been built in 1528 or 1628 and not in 1228, their statements would have been different. The problem is especially caused due to these ornamentations displaying an understanding of a style which is ahead of and very advanced for its time.

As it has been attempted to discuss earlier in the study, the existence of this richness in style has always been tried to be explained by associating it with its artist or artists; however, we can say that this is not a sufficient solution anymore. In the reading you have done so far, the influence of the father of these structures, in other words the person and people who had this structure built has been attempted to be underlined.

The influence on the constructor by the people who had the structure built and thus the work itself carries uncertain characteristics. However, it is widely acknowledged view that art patrons as the people who had economic power might have had special wishes.

In works which do not fit within the traditional format and with styles that will not be followed for a long time after they were built, the wishes of the patron rather than the artist play a role. The Middle Age artist, contrary to belief, was not independent and could not do as he wished.[89] This success which is tried to be attributed to the artist is quite exaggerated in that respect.

---

[89] It should be remembered that for an artist who has proven himself, there is the requirement to apply the existing forms of the guild, the professional group he is affiliated with.

As stated before, it is a great problem that there is no information regarding Ahmed Shah and his wife Turan Melek. However, taking the view that there was a great love between them as the starting point, the structure can be accepted as being the product of a great love.[90] There are two different states of this love in question. The first can be named as divine love which is the result of fear of God and the wish to be worthy of God. The second state of Love is the one between a woman and a man.

Reflecting the ties of love between two people has become a similar state for today's people for which many instruments are used. Naturally, reflecting and displaying the love two people feel for each other in the Middle Ages would be different. This involves sometimes having a painting done, ordering a masnavi for the loved one or the wish to resemble great lovers as we claim is the case in the Divriği Building Complex ornamentations.

The Middle Ages are noteworthy in terms of the richness of fairytale language. It is the period of great loves and the writers of great loves. Among these love stories, Hüsrev and Şirin written by Genceli Nizami in the masnavi style is the most famous one. In the same story, Ferhat the architect who is in love with Şirin also has a part and he is the person who suffers the agony of love for her and dies.

With the exaggerated style displayed on the northern door of the structure, the rich world of motifs consisting of people, animals and plants is almost like sentences straight out of a great love fairytale. The writer speaks about the *ore in the stone* and *garden of life* in many places in his work.

---

[90] Similar expressions carrying the same meaning have been repeated as a whole by numerous researchers.

When the variety of subjects and types in ornamentations in the Divriği building complex are analyzed, it is a natural conclusion that Creation has been emphasized. However, in the analyses made about the northern door, *iconography of heaven* always comes to the forefront. Therefore, the place where all beings are emphasized could be the *Garden of Life*.

The words Hüsrev speaks through his assistant Şapur are noteworthy as well: *"Even if he builds an iron palace in blaze, even if it is hidden in stone like ore, I will bring the flames out of the iron with deceit like extracting the ore out of the stone"* (Nizâmi, 2012:101). What has been done in the Divriği sculpture is almost hidden in these words. The hidden garden of life and the ores within the stone have been extracted.

In the ornamentations of the Divriği building complex, another reason why we see Genceli Nizâmi's text is the female and male reliefs on the Hospital's Crown Gate. A female head on the south of the Crown Gate and a male head on the north of the Crown Gate have been placed facing each other.[91] The female's head with its braided hair placed on its sides is totally facing the male figure. It is understood from the male figure's head which is slightly tilted that he is taller than the female. The male figure in the north has been displayed as looking towards the south or left and showing ¾ of his profile. He has an interesting cap on his head and a very big earring on his ear.

It was mentioned earlier that female and male head reliefs have been used before in structures related to health. However, the figures in the Divriği example are very clearly facing each other. The male is slightly taller and his head is slightly bent towards the female figure. As this could be an indication that he is taller, it should also be an expression of

---

[91] The figures are extremely deteriorated. It is saddening that their value was not appreciated.

respect.

The reliefs, which are considered to belong to Ahmed Shah and Queen Turan, seem almost as if they came straight out of Genceli Nizâmi's texts. Architect Ferhat builds a canal and a pool to be able to bring Şirin healthy milk. Let us go back to the story once again to see what happens afterwards: "When Şirin no longer had to deal with bringing the milk, she called Ferhat, gave him the most important seat among the people closest to her in the council and said: "How can we pay for your mastery? Because we do not know what price is paid to craftsmen." Şirin had such pearls on her earrings dressed as ores that each of the pearls was as valuable as a crown and worth a city's tribute. She took her earrings off, asked these to be accepted by apologizing with sweet words and said: "Take these and sell them; if we acquire more valuable pearls in the future, we cannot do anything but give you your due…" Ferhat took the earrings worth a fortune with thanks and scattered the pearls on Şirin's feet" (Nizâmi, 2012: 228).

Tall Ahmed Shah with an earring shaped like a pearl on his ear who has taken the place of Ferhat and Queen Turan with her braided long hair and all her beauty who has taken the place of Şirin.

Divriği Building Complex is the product of a great love. It has been built in the memory of the love between Ahmed Shah and Queen Turan who apparently found similar personal elements in the story of Hüsrev and Şirin. This is the main reason why in particular the ornaments of the structure are quite different from the style of the period.

Conclusion

The complex, which was built in 1228-29 in Divriği and consists of a Mosque, a Shrine and a Hospital, is the most controversial one among 13th century structures. It is a reflection of a different and very advanced style from its period that attributes a unique quality to the structure.

Despite the studies conducted on it, there are still many problems which await solutions. The explanations and evaluations made have sometimes caused different problems as well.

The fact that the repairment history of the structure not being known well causes uncertainty in terms of the amount of intervention. This no longer remains a problem with the help of more careful studies carried out today.

The world of style which emerges in particular in the ornamentations of the structure have always been attempted to be solved around the artist. However, the Middle Age artist was not such an independent character and had to work following strict rules. The rich and different result seen in the structure most likely arose due the wishes of its patron.

It is known that the great writer of the period Genceli Nizâmi was known around Mengujeks. Without a doubt, the story of Hüsrev and Şirin written in the masnavi style by the same writer was known and read as well. It is seen that certain concepts which appear in the mentioned work and frequently used by the writer were engraved on stone, or rather that these were extracted from the stone with great success.

We cannot say that the affection and love between the ruler of Divriği Mengücek people and his wife was deeper than the one between the heroes of the Hüsrev and Şirin story. Even so, it is quite normal that the patrons have asked such a love story to be depicted in the monumental structure group they have had built.

The concepts of garden of life and love which appear quite often within the fairytale stories of the Middle Ages are scattered on the ornamentations of the structure along with its heroes. The written language is suitable to display all kinds of semantic exaggeration and fervor. The writer can use all possibilities of the words in full to reflect emotions. Stone is another story and love on stone could not have been reflected more successfully.

The reason behind this style not having been imitated and the composition characteristics seen on the structure not having been applied in other environments must be this special reason for its construction.

However, it should be mentioned in the conclusion that the structure has been taken under a long process of repairment. It would be more correct to bring back all the pieces which were taken from the building complex for various reasons and placed in Sivas and Ankara museums.

Divriği Building Complex is important and special not only for our country, but in terms of all world's cultural history due to the values it reflects. Our greatest hope is for the building complex to live and be protected forever.

14- RAKAMLARLA DİVRİĞİ
YAPILAR TOPLULUĞU

İNŞA TARİHİ	1228-29
İNŞAAT ALANI	2,048 m²
YAPI SAYISI	3
BANİSİ	Ahmed Şah ve Eşi Melike Turan
KİTABE SAYISI 41	7 İnşa Kitabesi 7 Usta Kitabesi 27 Besmele-Ayet-Hadis ve Dua
SANATÇI SAYISI 6	*Mimar Ahlatlı* *Muğis oğlu Hürremşah* Ahmed (Doğu Kapı) *Tiflisli Ahmed (Minber)* Kâtip Mehmed (Minber) *Mehmet oğlu Ahmet* (Güney Duvar Sıva Üzerinde) *Kâtip Ahmed oğlu İbrahim* (Minare)
DUVAR KALINLIĞI	1,40 m
CAMİ	32,00x40,00 m- 1,280 m²
YÜKSEKLİK	9,50 m
KUBBE YÜKSEKLİK	DIŞ 25,00 m; İÇ 18,00 m
KUBBE ÇAPI	8,70 m
SÜTUN SAYISI	16
MİHRAP YÜKSEKLİK	9,00 m
MİHRAP GENİŞLİĞİ	8, 50 m
MİNBER MALZEME	ABANOZ AĞACI
MİNBER YÜKSEKLİK	6,70 m
UZUNLUK	4,20 m
GENİŞLİK	1,30 m
MİNBER TEKNİK	KAZIMA-OYMA
MAHFİL YÜKSEKLİĞİ	5,45 m; 4,75x5,45
MİNARE YÜKSEKLİĞİ	25,00 m

DARÜŞŞİFA		24,00x32,00 m 768 m²
YÜKSEKLİK		13, 00 m
SÜTUN SAYISI		5 (BİRİ DENGE SÜTUNU)
EYVAN SAYISI		3

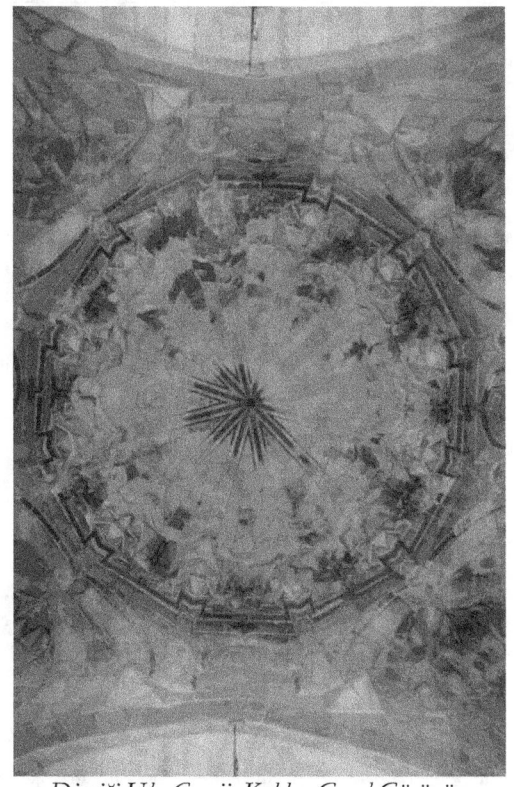

Divriği Ulu Camii, Kubbe, Genel Görünüm

15-DİVRİĞİ KRONOLOJİ DENEMESİ[92]

855   Tephrike Kalesi'nin İnşası. Yönetici Karbeas

862   Pavlikan Yönetici Khrisokheiros.
        Önceki Yönetici Karbeas

869   I. Basileos'un Pavlikanlara Karşı Seferi.
        Divriği Yöneticisi Khrisokheiros

871   I. Basileos Divriği Seferi ve Başarısız Olması
        (3 Yıl Sürer)

872   I. Basileos'un Komutanı Khristophoros'un
        Divriği Kalesini Alması
        Deprem, Surların yıkılması

873   Bizans-Abbasi Sınır Sorunlarının Başlaması

        Suskunluk Döneminin Başlangıcı

880   Kudema'nin Eserinde Medinetü'l-Baylakani

940   Mesudi'nin Eserinde Pavlikanların Kenti

1046   Deprem

1062   Mengücek Emiri'nin Bölgeye Saldırması

1071   Erzincan Mengücek Emirliği'nin Başlaması

1074   Emir Mengücek Gazi Divriği ve Çevresinde

1085   Mengücekoğlunun, Selçuklu Sultanı Süleyman'ın
        Antakya Seferine Katılması

1097   Haçlı Ordusuna Karşı Selçuklularla Birlikte Savaşa
        Katılmaları

1100   Mengücek Beyi Emir İshak Tahtta. 1118 'e kadar

1118   Emir Mengücek'in Vefat Etmesi

---

[92] Kronoloji ya da Zamandizin, tarih okumaları açısından çok önemlidir. Kronoloji listelerinde sadece olaylar ve oluş tarihleri yer almaz. Kişi ve yer adları (vefat tarihleri), her çeşit görevlendirme (tayin etmek, azletmek) ve yerleşme ile ilgili her türlü resmi yazışma hakkında bilgi edinilir. Bu bölümün hazırlanmasında kullanılan tüm veriler Gülsoy (1991), Eken (1993) ve Sakaoğlu (2005)'in taranması sonucu elde edilmiştir. Tüm kredi, adı geçen araştırmacı ve eserlere aittir.

1138 Deprem

1142 Mengücekoğulları'nın Divriği Kolunun Başlaması

1142 I. Süleyman Şah Divriği Meliki

Emir İshak'ın Vefat Etmesi
Kemah Mengücek Kolu'nun Başlangıcı
Melik Mahmud'un Tahta Geçmesi

1150 I. Süleyman Şah'ın Divriği Kale Camisini
İnşa Ettirmesi
Usta Meragalı Piruz oğlu Hasan

1151 Melik Mahmud'un Öldürülmesi

1162 Kemah Mengücek Emirinin,
Yağıbasan Tarafından Öldürülmesi
Melik Behram Şah Gazi Tahta Çıkması

1163 Gürcistan Seferi, Behram Şah'ın Katılımı

1164 Yağıbasan'ın Mengücekli Topraklarını İstilâsı

1165 Deprem

1171 Emir Seyfeddin Şahin Divriği Meliki

Şahin Şah'ın Divriği'de Sikke Bastırması

1177 II. Kılıç Arslan'ın Bölgeyi Fethi

1180 Divriği Kale Camisi Taç Kapısının İnşası

1183 Behram Şah'ın Sikke Bastırması, Erzincan

1184 Genceli Nizami'nin Mahzen-i Esrar Adlı
Eserini Behram Şah'a Sunması

1189 Behram Oğlu Selçuk Şah Adına
Vakfiye Düzenlenmesi
Şahin Şah'ın Vefat Etmesi

1196 Sitti Melike Türbesi

Hacib Kamereddin Türbesi

II. Süleyman Şah Divriği Meliki

1197 Sitte Melik Türbesi Vakfiyesinin düzenlenmesi

1201 Şebinkarahisar'ın Fethi

1202   Behram Şah'ın, II. Rükneddin Süleyman
       ile Gürcistan Seferine Çıkması
1212   Behram Şah'ın Kızı Melike Hatun'un
       Bayburt Kalesine Burç İnşa ettirmesi
1216   Vecheddin oğlu Satılmış Mescidi Vakfiyesinin
       Hazırlanması
       Han Mescidi Vakfiyesinin Hazırlanması

1217   I. İzzeddin Keykavus'un, Behram Şah'ın Kızı ile
       Evlenmesi
1220   Gezgin Yakut El-Hamavi'nin Bölgeyi Ziyareti
1225   II. Alâeddin Davudşah'ın Tahta Geçmesi
       Muzaffereddin Mehmed, Şebinkarahisar Meliki
       Melik Behram Şah Gazi'nin Ölümü

1228   Erzincan Kolunun Kapanışı
       Hekim Abdüllatif Bağdadi Erzincan'da
       Şebinkarahisar Kolunun Sona Ermesi
       Divriği Ulu Cami ve Darüşşifası'nın İnşasına
       Başlanması (Aralık Ayı)
       Ahmed Şah Divriği Meliki
       Erzincan Mengücek Emirliği'nin Sona Ermesi
       Kemah Mengücek Emirliği'nin Sona Ermesi
1229   Hekim Abdüllatif Bağdadi Tekrar Erzincan'da
1236   Divriği Kalesi Dış Sur İnşası
1237   Ahmed Şah'ın Kalenin Ana Kapısının
       Yapılması Emrini Vermesi
1240   Divriği Ulu Cami Minberinin Yapımı ve Camiye
       Yerleştirilmesi
       Hacib Kamareddin Türbesinin İnşası
       Kemankeş Mescidi ve Türbesinin İnşası
1242   Kalede Sultan Kapısının İnşa Edilmesi
       Kösedağ Savaşı
1243   Divriği Ulu Camii Vakfiyesi'nin Hazırlanması
       Divriği Kadı Vekili Ali Rıza- Divriği Kadı

Vekili Esseyyid Rıza

Tahrir Defterinde Yer Alan Kayıttan Ulu Camide
Bir Mahfil Görevlisinin Varlığının Öğrenilmesi
Ulu Cami İmamı Mevlâna Sinaneddin

Hatip, Mevlâna Bedreddin oğlu Bünyamin
Darüşşifa'nın Kayıtlarda Medrese-i Kübra Olarak
Geçmesi
Medresenin Vakıf Geliri 7660 Akça
Cami İmamı Mevlâna Sinaneddin.
Hatip Mevlâna Bedreddin oğlu Bünyamin.
Müezzin Hamza, Süpürgeci Abdullah,
Mahfil Sorumlusu Halife Mehmed,
Şafi İmam Pir Ahmed,
Muarrif (Anlatıcı, Açıklayıcı) Molla Çerağ
Ulu Cami Vakıf Geliri 16,983 Akça
Divriği Kazasında 9 Zâviye Mevcut
Divriği Kazasında Aile Vakfı Sayısı 14
12 Köyün Padişah Haslarına Tahsis Edilmesi
Divriği Mirlivası Rüstem Bey

1524 Kanuni Sultan Süleyman'ın
   Minare Üzerindeki Tamir Kitabesi

1530 Kalede Görevli Asker Sayısı 28
   Yaklaşık Nüfus 3672 Kişi
   Ulu Cami İmamı Mustafa Fakih veled-i Yusuf
   Müezzin, Mehmed veled-i Hamza
   Ulu Cami Vakıf Geliri 13,044 Akça
   Medresenin Vakıf Geliri 6982 Akça
   Divriği Kazasında 13 Zaviye Mevcut
   Divriği'ye Bağlı 177 Köy, 171 Mezra
   Divriği Merkez Nüfusu 3672 Kişi
   Divriği Kanunnamesi
   Divriği Mirlivası Mansur
   Divriği Kazasında Aile Vakfı Sayısı 24
   Pamuk Üretimi Vergi Geliri 1612 Akçe
   Divriği Kazasında Koyun Sayısı 20,238
   Divriği'de Arı Kovanı Sayısı 2465
   Divriği Kazası Değirmen Sayısı 51
   Ziniski, Hornavil, Kesme Köylerinde
   18 Demir Fırını
   Zimara Köyü'nde 1 Boyahane

1548   Kalede Görevli Asker Sayısı 29
       Yaklaşık Nüfus 4608 Kişi
       Divriği'ye Bağlı 140 Köy, 201 Mezra
       Divriği Merkez Nüfusu 4608 Kişi
       Pamuk Üretimi Vergi Geliri 2920 Akçe
       Divriği Kazasında Koyun Sayısı 63,860
       Divriği'de Arı Kovanı Sayısı 4129
       Divriği Kazası Değirmen Sayısı 61
       Kesme Köyü Demir Fırını Sayısı 10
       Dumluca ve Durdul Nahiyelerindeki
       Bazı Köy ve Mezraların Üsküdar
       Atik Valide Sultan İmaretine
       Vakıf Kaydedilmesi

1565   Ulu Cami Minaresinde İkinci Kitabe
       Celali Karayazıcı Abdüllahim Kalede Zindanda

1570   Kale Camisi Vakıf Geliri 2719 Akça

1599   Karayazıcı Abdülhalim Çelebi'nin İsyan Etmesi

1607   Padişah Emri ile Mehmed Ağa ve Yusuf Ağa
       Tarafından Şehre Su Getirilmesi

1611   Celali Recep'in Kaleyi Ele Geçirmesi

1613   Sipahi İlyas'ın Kalede Bir Evi Soyması

1638   Melek Ahmed Paşa'nın
       Tamir Kitabesi (1638-1650)

1649   Evliya Çelebi Divriği'de

1659   Hatip Ömer Hanı'nın Yanması ve
       Tamir Edilmesi

1667   Aşağı Hamam'ın Hacı Ali Kaya
       Tarafından Tamir Ettirilmesi

1675   Kale Camisi Mütevellisi Ahmed Hakkında
       Kadı'ya Şikâyet

1677   Cüzhan Molla Mustafa
       Aşağı Hamam Mescidi
       Vakfiyesinin Hazırlanması

1688   Süleyman Ağa Mescidi
       Vakfiyesinin Hazırlanması

1718   Abı Çemen Camisi Onarımı

1726   Kale Camisi Hatip Ebubekir'in
Beratının Yenilenmesi
Han Mescidi'nin Camiye Çevrilmesi

1737   Külliye Yapılarının Ahşap Kapı ve
Pencere Kanatlarının Yenilenmesi
Hacı İbrahim Ağa'nın Tamir Kitabesi (1737-1747)

1740   Kale Camisi İmamı Seyid Hüseyin'in Vefat Etmesi

1745   Devirhan Ali Halifenin Azli ve Yerine Geçen
Ebubekir'in Ortalıkta Görünmemesi
Sipahilerin, Orik Karyesi Ahalisine Eziyet
Etmeleri Üzerine Şikâyet Edilmeleri

1747   Ulu Camide Onarım. İbrahim Ağa Tarafından.

1748   Sani Kızı Hatice'nin Mal Varlığını
Ulu Cami Vakfına Bağışlaması

1749   Mütevelli Mehmed

Mütevelli Davut ve Ömer'in
Görevlerini ve Gelirlerini Mustafa Halife'ye
Devretmeleri

1750   Kale Cephaneliklerinde Sayım

Raziye Adlı Bir Kadının Miras Davası Açması

1752   Divriği Serdarı Hakkında Şikâyet

1753   Kayaoğlu Hanı, Kayaağazade Osman Ağa Vakfı

1754   Kale Camisi Mütevellisi Abdurrahman
Mütevelli Mustafa Halife
El-Hac Mustafa oğlu İlyas'ın Kur'an
Okumak Üzere Görevlendirilmesi
Kürtüllü Mescidi'nin İhtiyaç Nedeni ile
Cami Haline Getirilmesi

1758   Mütevelli Mustafa Halife'nin görevinden
Azledilmesi ve Yerine
Molla Ömer ve Mehmed'in Atanmaları
Vergi Veren Hıristiyan Sayısı 693 Kişi

1759   Divriği Kalesi Davulcusu Mutasarrıf Mehmed

Camiye Yapılan Vakıf Ödemelerinin Aksadığına
Dair Divriği Kadısına Hüküm

Ulu Cami İmamları Şirin oğlu Osman,
Ebubekir ve Mustafa.
Mustafa'nın Vefatı Üzerine Hissesinin
Kardeşlerine Aktarılması

1761 Vazifeli Sayımı Yapılması Emri
Kaçakların Yakalanarak Başlarının
Kesilmesi Hakkında Ferman

1762 Divriği Meclisi'nin Toplanması ve
Eşkıya Hakkından Gelinmesi İçin
Strateji Belirlenmesi

1764 Kale Dizdarının Değişimi

1765 Ser-Bölük Mehmed'in Ölümü

1766 Vergi Veren Hıristiyan Sayısı 792 Kişi

1767 Kale Camisi Hatibi Ebubekir

1768 Vergi Veren Hıristiyan Sayısı 891 Kişi

1769 Kale Camisi Hatipliği Konusunda Mahkeme

Divriği Naibi Abdülmecid
Hizmetli ve Odun Kömürcü (?)
Hasan Halife; Cami Hatibi Hafız Numan

1770 Kale Cephaneliklerinde Sayım

1771 Kayseri ve Kırşehir Sancakları
Mutasarrıfı Mir Miran Memiş Paşazade
Bekir Paşa'nın Divriği'ye Sürülmesi,

1773 Kale Su Yollarının Bakımsızlığından Şikâyet

1775 Kale Sakini Kadıoğlu Arif Yusuf'un Ölümü

1776 Ticaret İçin Yol Güvenliğinin
Sağlanması Konusunda Divriği
Kadısına Buyurultu Gönderilmesi

1777 Divriği Kalesinde Bakımsızlık Nedeni ile Suların
Kesilmesi
El-Hac Osman Ağa Vakfiyesinin Hazırlanması

Kale Camisi Mütevelliliği Konusunda
Anlaşmazlık ve Mahkeme
Hasan Çelebi Kızı Rukiye'nin Evini

Ulu Cami Vakfına Bağışlaması

Haydut Çıldırbıçakoğlu İbrahim
Hakkında Yakalama Kararı

1779 Seyyid Osman'ın, Ayan Hakkında
Şikayetçi Olması

1780 Kale Camisi Hatibi Mehmed oğlu
Mustafa Halife
Andon veledi Agop'un Müslüman
Olup Daha Sonra İnkâr Etmesi

1781 Kale Su Yollarında Bakımsızlıktan
Sorun Yaşanması

1784 El-Hac Osman'ın Cüzhan Olarak Atanması

1785 Divriği Mütesellimi Veli Paşa

1788 Mutasarrıf Seyyid Ebubekir'in Vefatı
Üzerine Hissesinin Oğulları
Seyyid İbrahim ve Abdullah'a Devredilmesi

1790 Hamam-ı Süfla Mahallesinden
El-Hac Mehmed Oğlu Halil'in
Evini ve Arege'deki Vergi Gelirini Ulu Camiye
Bağışlaması

1791 Kale Camisi İmamı Ömer'in Vefat Etmesi
Ekmek Fiyatında Anlaşmazlık ve Çözülmesi

1794 Devirhanlığa (Kur'an Okuyan)
Cüzhan Ömer oğlu İbrahim'in Atanması.
Eski Devirhanlar Mutasarrıf
Ebubekir'in Oğulları Mehmed ve Osman

1797 Divriği Kalesi Su Yolları Sorumlusunun
Değiştirilmesi

1798 Kale Camisi İmamları Osman ve Ebubekir'in
Beratlarının Yenilenmesi
1 Kıyye (1,282 gr) Bal 40 Para

1799 Kuloğlu Mahallesi Mustafa Paşa
Camisinin İnşa Edilmesi

1800 Köse Mustafa Paşa'nın, Aşağı Hamam'ın
Borçlarını Üstlenmesi ve Tamir Ettirmesi

Kayaoğlu ve Hatip Hamamları Harap Durumda

1802 Ulu Cami İmamları Mehmed, Ebubekir
ve Esseyid Mehmed Emin.
Hatip Esseyyid Osman
Köleşahinzade Sadullah'ın Annesi
Abdünnebi Kızı Fatma'nın,
Çarşıdaki Bezzaz Dükkanını Vakıf Hale Getirip,
Kirasından
Ulu Camiye Mum Alınmasını Şart Koşması

1803 Kale Dizdarının Halka Zulmü

1805 Kale Dizdarı Osman Ağa
Pulur Ulya (Yukarı) Mescidinin
Tamir Ettirilmesi.

1807 Divriği Nüfusu Yaklaşık 9209 Kişi

1808 Hatipler Hamamı Kadınlar Bölümünün
Onarılarak Çalışır Hale Getirilmesi

1809 Divriği Naibi Mehmed Emin
Ulu Cami Yarı Hatipliğinin Mutasarrıf
Esseyyid Mehmed Reşid Halifeye
Verilmesi. Vefat Eden Yarı Hatip
Esseyyid Osman

1810 Divriği'ye Gelen Tüccarlara İyi
Davranılmaması Üzerine,
Divriği Mütesellimine Yazı Gönderilmesi

1811 Hacıosman Mahallesinden
Kürtlarlıoğlu Yusuf'un Varisleri
Tarafından Bir Vakıf Kurulması ve
Merhum Ali Ağa Ruhu
İçin Ulu Camiye Her Sene Üç Okka
Yağdan Berat
Verilmesini Şart Koşmaları

1814 Divriği Mütesellimi Mehmed Bey

1815 Kalede 25 Hane

Kale Sakini Berber Mehmed'in Ölümü

1816 II. Mahmud'un Kızı Âmine Sultan Divriği'de
Divriği Kazası'nın Maden Eminliğine Bağlanması

Divriği Müteselimi El-Hac Abdullah Bey

1819   Gornek Dağı Suyunun Kanalla
Ahmed Şah Suyuna Taşınması
Divriği Kazası'nın Sivas'a Bağlanması

1820   1 Yorgan 12-30 Kuruş; 1 Döşek 18-23
Kuruş; 1 Kilim 20-28 Kuruş;
1 Halı-Seccade 6-8 Kuruş; 1 Bakraç 5-7 Kuruş;
1 Çorba Leğeni 3-5 Kuruş

1821   Üç Köylünün, Ulu Cami Görevlileri
Tarafından Açılan Bir Davanın
Haksız Olduğunu Belirten Başvuruları
Divriği Mütesellimi Eriklizade Hüseyin Ağa
Divriği Müftüsü Abdurrahman Efendi

1822   Divriği Mütesellimi Ömer Kâşif Ağa
Mütesellim Ağa Konağı İçin Aylık Kira Bedeli
100 Kuruş

1823   Divriği Mütesellimi Ömer Kâşif Ağa
Mütesellim Konağı'nın Tamir Edilmesi

1824   Divriği Mütesellimi Ali Raşid; Ayan Emin Bey

Kale Dizdarı Hakkında Saraya Şikâyet

Divriği'de Gayr-ı Müslimler'in
Müslüman Kıyafeti Giyerek Dolaşmaları
Üzerine, Divriği Naibine Bunu Yasaklayan
Bir Hükmün Gönderilmesi

1825   Ulu Camii İmamları Esseyyid Mustafa,
Esseyyid Mehmed
Emin ve Hatipler Esseyyid Mehmed ve Osman

1828   1 Kıyye (1,282 gr) Bal 36 Para;
1 Sağmal İnek 40 Kuruş;
1 Sağmal Koyun 15 Kuruş;
1 Sağmal Keçi 10 Kuruş

1830   William Ainsworth Divriği'de

1831   Divriği Müslüman Nüfusu Yaklaşık 4274 Kişi

1833   Ulu Cami İmamı Esseyyid Abdullah,
Hatip Esseyyid Mehmed
Horavenk Mescidi'nin Camiye Çevrilmesi

1834   Kale Cami Mahallesi İmamı Süleyman Efendi
       Muhtarlık Sisteminin Başlaması, Yedekleri
       ile Birlikte 56 Muhtar Belirlenmesi
       Muhtar Mandıoğlu Salih Ağa
       Kale Sakini Dizdar İbrahim Ağa'nın Vefatı

       Gönderilen Bir Buyrultuda, Başlık Parası
       Bulamadıkları İçin Evlenemeyenlerin
       Daha Az Başlık Bedeli Vererek
       Evlenmelerinin Sağlanmasının İstenmesi

1840   Divriği'de 72 Çeşit İş Kolunun Varlığı

1843   Divriği Naibi Abdullah Sarrafı
       Vakıf Gelirlerinden İlgili Miktarın Mutasarrıf
       oğlu Ahmed Halife'ye
       Verilmesi. Vefat Eden Babası Mutasarrıf
       Mustafa Halife Yerine

1844   Divriği Nüfusu Yaklaşık 7961 Kişi

       Toplam 2,444 Dönümden 258
       Dönümün Nadasa Bırakılması
       Dönümüne 2,3 Kile Buğday Alınması

       17 Mahallede Kovanı Olan 52 Hane

1845   Kale Dizdarı Mehmet Ağa

       Dönümüne 13,5 Kile Buğday Alınması

       Divriği Kaymakamı Veliyüddin Paşazade
       İmam Hüseyin Bey
       Toplam 2,444 Dönümden 704
       Dönümün Nadasa Bırakılması

1847   Cami İmamı Esseyyid Abdullah'ın
       Vefat Etmesi Üzerine Yerine
       Esseyyid Ali Efendi'nin Atanması

1848   Divriği Kaymakamı Sami Efendi

1850   Kale Su Sistemi Hala Çalışıyor

       Divriği Kaymakamı İbrahim Ağa

       Divriği Nüfusu Yaklaşık 8070 Kişi

1855 Divriği Kazası Müdürü'nün Hafik'e Sürülmesi

1863 Hafız Paşa Medresesi Vakfiyesinin Hazırlanması

1876 Kale Cami Hatibi Hakkında Şikayet

Mutasarrıf Mehmed Emin oğlu Mehmed'in
Vefat Etmesi
Kale Cami İmam Hatibinin Değiştirilmesi

Müezzin Sadullah Halife'nin Vefatı
Üzerine Görevin
Torunu Mustafa'ya Verilmesi

1877 Kale Camisi Hatibinin Buğday ve Saman
Gelirine Haksız
Yere El Konması
Hayır Sahibi İlyas'ın Vakfettiği Dükkanların
Gelirlerin Toplanması İçin Müzezzin
Sütmollazade Ahmed Efendi'nin
Görevlendirilmesi

1879 Mutasarrıf Ahmed Halife Oğlu Mustafa'nın
Vefatı Üzerine, Oğlu Büyüyene Kadar Vakıf
Evladından Müderris Ali Efendi'nin
Naib Olarak Atanması
Mütevelli Ekşioğlu Ahmed Oğlu Mehmed

1880 Mutasarrıf Mehmed Halife oğlu Mehmed'in
Vefat Etmesi
Medrese Fakihi Mehmed Rağıb ve Mehmed
Emin'in Vefatları
Üzerine Hisselerinin El-Hac Mustafa
Oğulları Mehmed Şakir, Seyyid Mehmed
ve Seyyid Ahmed'e Devredilmesi

1884 Vakıf Görevlisi Mutasarrıf Şeyh
İbrahim'in Vefatı.
Hissesinin Kardeşi Abdullah'a Devredilmesi

1890 W. Yorke Divriği'de

1893 Müezzin Sadullah Halife'nin Vefatı Üzerine
Görevinin Müftüzade
Abdülkadir ve Mehmed Necib
Efendilere Verilmesi

1894   Ulu Cami Temizlik İşlerinin Mutasarrıf
Hüseyinbeyzade
Mehmed Emin'e Verilmesi.
Vakıf Görevlisi Mutasarrıf Seyyid Ali
Oğlu Mehmed'in Vefat Etmesi.
Yerine Oğlu Halil'in Tayin Edilmesi
1895   Kale Camisi Harap Haldedir.
Görevlilerinin Kuloğlu
Camisine Transfer Edilmeleri
1898   Cami Görevlilerinin Biriken Alacakları
İçin Saraya Hacı Süleymanzade Ali Efendi'yi
Göndermeleri
1902   Onarım-Bakım Sorumlusu Mutasarrıf
Mehmed Efendi ve
Oğulları Mustafa ve Ahmed'in Vefat
Etmeleri. Yerlerine
Diğer Oğlu Basmacızade Mustafa'nın
Tayin Edilmesi
1904   Teras ve Cephe Duvarlarında Onarımlar
(1910'a Kadar)
1907   Külliyede Onarım
1908   Mütevelli Sütmolla Hafız Hüseyin Efendi'nin,
Vakfın Sivas Mal Sandığı'nda Biriken
Gelirinin Hesabını
Görmek ve Vakfa Ait Miktarı Almak Üzere
Divriği Müftüsü Necib Efendi'yi Vekil
Tayin Etmesi
1909   Divriği Camisi Onarımı için 100,000
Kuruş Bütçe Ayırılması
1924   Medresenin Mili Eğitim Bakanlığı'na
Devredilmesi
Camiden Vakiflar Genel Müdürlüğü sorumlu.
1926   Divriği Ulu Camisinde Hırsızlık Sonrası,
Sultan Mahfilinin Sökülmesi
Minarenin Örtüye Açılan Kapısının Örülmesi
1930   Albert Gabriel Divriği'de

Hasan Tahsin'e Göre Divriği Çarşısı
9-10 Sokaktan İbaret
Darüşşifa Tahıl Ofisi

1933   Tarihi Abide ve Eselerimizi Korumağa
Mecburuz adı kitapçıkta, Acilen Tamiri
İktiza Eden Tarihi Binalar listesinde Divrik-
Beş Cami ifadesi.

1939   II. Dünya Savaşı. Taşınabilir Eserlerin
Divriği Ulu Camiye Getirilmesi

1940   Dam üzerindeki kaplamanın kaldırılması

1944   Caminin batı duvarı dışa doğru
meyillenmiş. Eğim darüşşifa tarafında 10 cm
ile başlayıp batı kapı hizasında 45 cm'yi
geçer ve minare kaidesi hizasında 25 cm'ye iner.

1945   Örtünün Kurşunla Kaplanması. Bunun
için depremde harabeye dönen Ladik
Bülbül Hatun ve Avcı Sultan Mehmed
Camileri ile Çerkeş'te Dördüncü Murat
camilerinden toplanan kurşun eritilip
levha haline getirilerek kullanılmıştır.
Divriği Ulu Camisi Ahşap Eserlerinin Ankara'ya
Götürülmesi

1946   Onarım İçin Gerekli 250,000 Liranın
Bulunamaması
Türkiye Tarihi Anıtları (Ön Tasarı) isimli
kitapçıkta sanat değerleri olan ve esaslı yardım
görmeleri gereken anıtlar listesi 192 numarada
Divriği Ulu Cami Heyeti

1949   Kale Cami Minber Parçalarının Isınmak
İçin Yakılması
Başlatılan Onarımın Yarım Kalması

1950   Müezzin Mahfilinin Kaldırılması

1956   Batı kapıya ait bir ahşap kapı kanadı ile
Şah Mahfiline ait bir ahşap parçanın
camide bulunması.

1959   Temeli Tehdit Eden Su ve Nem Tehlikesinin
        Giderilmesi İçin Vakıflar
        Genel Müdürlüğü Tarafından Hafriyat ve Duvar
        Çalışmalarının Yapılması
1961   Mimar Ali Saim Ülgen'in Raporu ve Restorasyon
        Projesinin Hazırlanması
1962   Rapor Doğrultusunda, Cami Doğu Desteklerin
        Kaplamalarının
        Sökülmesi ve Çürüyen Taşların Değiştirilmesi
1965   Örtünün Tamamen Sacla Kaplanmasının
        Düşünülmesi Ancak Yerine Taş Kaplama
        Yapılması. İzolasyon Sorunlarının
        Devam Etmesi
1967   Örtüye Basık Cam Aydınlıklar Yerleştirilmesi,
        Türbeye Taş Külah Örülmesi, Darüşşifa
        Eyvan Sekilerinin ve Duvarlarının
        Taş Kaplamalarının Yenilenmesi
1969   Cami ve Darüşşifa İçin Aydınlık
        Feneri Eklenmesi,
        Darüşşifa İçine Havuz Yapılması
1971   Külliye Çevresine İstinat Duvarları Örülmesi
1987   Belçikalı Prof. Lamaire'nin Rapor Hazırlaması
1993   Çatının Yenilenmesi
1998   ODTÜ Tarafından Külliyenin
        Fotogrametrik Çizimlerinin Yapılması
2000   Çatının Yenilenmesi
2002   Minber Kapı ve Alınlığının Çalınması.

        Yapının Kültür Bakanlığı'na Devredilmesi

2003   Sivas Valiliği Başkanlığında Kurtarma ve
        Restorasyon Projeleri
        Hazırlık Çalışmalarına Başlanması
2006   Divriği Kalesi'nde Yüzey
        Araştırması Yapılması

2007   Divriği Kalesi'nde Bakanlar Kurulu
        Kararı ile Arkeolojik Kazıya Başlanması

2015   Yapının Onarım Sürecine Alınması

16-KAYNAKÇA

ACAR, B. (1978). "Divriği Ulu Camii'ndeki Halı ve
Kilimler", *Yapılışının 750. Yılı Hatıra Kitabı,* 159-228.

AINSWORTH, W. F. (1842). *Travels and Researches in Asia
Minor, Mesopotamia, Chaldes and Armenia,* II, London.

ALTUN, A. (1989). "Alâeddin Camii". *Türkiye Diyanet Vakfı
Ansiklopedisi,* 2, 328.

AREL, H. (1962a). "Divriği Ulu Cami Tekstil Kapısı",
Vakıflar Dergisi, V, 69-111.

AREL, H. (1962b). "Divriği Ulu Camii Kuzey Portalinin
Mimari Kuruluşu" *Vakıflar Dergisi,* V, 99-112.

ARTUK, İ.-C. A. (1971). *İstanbul Arkeoloji Müzeleri Teşhirdeki
İslâmi Sikkeler Kataloğu,* İstanbul: Milli eğitim
Bakanlığı, Eski Eserler ve Müzeler Genel
Müdürlüğü Yayınları, Seri:III, No:7.

BAKIRER, Ö. (1978). "Divriği Ulu Camisi Mihrabı", *Divriği
Ulu Camii ve Darüşşifası,* (Haz.Y.Önge, İ. Ateş,
S.Bayram), 127-136.

BAKIRER, Ö. (2001). "Divriği Ulu Camii ve
Darüşşifası'nda Yapıdan Gelen İzlerin
Düşündürdükleri", *I. Uluslararası Selçuklu Kültür ve
Medeniyeti Kongresi, Bildiriler, I,* 73-83.

BALGALMIŞ, A. (1994). "Divriği", *TDV İslâm
Ansiklopedisi,* İstanbul: TDV Yayınları, 452-454

BAYBURTLUOĞLU, Zafer ve Emre MADRAN. (1981).
Anadolu'da 1308 M. Yılına Kadar Gerçekleştirilmiş
Türk-İslâm Yapıları Üzerine Sınamalar. *VIII. Türk*

Tarih Kongresi. II, Ankara: Türk Tarih Kurumu, 941-949

BERCHEM, M. v. And H. Edhem (1910). *Materiaux Pour Un Corpus Inscriptionum Arabicarum, Troisème partie, Asie Mineure. Tome premier, Siwas, Diwrigi,* Cairo

BREND, B. (1965). "The Patronage of Fahr ad-din Ali Ibn al-Huseyin and the Work of Kaluk ibn allah in the Development of the Decoration of Portals in Thirteenth Century Anatolia", *Kunst des Orients,* X/1-2, 160-186.

BÜYÜKSARAÇ, A. ve diğerleri (2012). "Surface Geophysical Investigations and Preliminary Excavation at the Divrigi Citadel", *Mediterranean Archaeology&Archaeometry,* 12(2), 129-138.

CAFEROĞLU, A. (1965). "Türk Onomastiğinde Ay ve Güneş Unsurları", *Türk Dili ve Edebiyatı Dergisi,* (13), 19-28.

CANTAY, G. (1992). *Anadolu Selçuklu ve Osmanlı Darüşşifaları,* Ankara: Atatürk Kültür Merkezi Yayınları.

CROWE, Y. (1972). "The East Window of the Great Mosque in Divriği", *Art and Archaeology Researh Papers* (2), 105-113.

CROWE, Y. (1974). "Divriği. Problems of Geography, History and Geometry", Ed. W.Watson, *The Art of Iran and Anatolia from the 11th to the 13th Century A.D.,* London, 28-39

CROWE, Y. (1987). "The Hospitals Columns in Divriği", *ARS TURCICA. Akten des VI. Internationalen*

Kongress for Türkischen Kunst, München 3-7 September 1979, I, München, 179-185.

CUINET, V. (1892). *La Turqui d'Asie, Geographie administrative statistique descriptive Et raisonne de chanque province de L'Asie-Mineure*, I, Paris.

ÇAM, N. (1990). *Osmanlı Güneş Saatleri*. Ankara : Kültür Bakanlığı Yayınları.

ÇELEBİ, E. (1314). *Seyahatname*. İstanbul: İkdam Matbaası, Dersaadet.

DARKOT, B. (1945). "Divriği", *İslâm Ansiklopedisi*, III, İstanbul, 596-599.

DENİZLİ, H. (1995). *Sivas Tarihi ve Anıtları*. Sivas: Özbelsan A.Ş.

DURUKAN, A. ve M. S. Ünal, (1994). *Anadolu Selçuklu Dönemi Sanatı Bibliyografyası*, Ankara: Atatürk Kültür Merkezi Yayını.

EKEN, G. (1993). *Fiziki, Sosyal ve İktisâdi Açıdan Divriği, 1775-1845*, Ankara: Ankara Üniversitesi, Sosyal Bilimler Enstitüsü, Yayımlanmamış Doktora Tezi.

ERKİLETLİOĞLU, H. ve O. Güler (1996). *Türkiye Selçuklu Sultanları ve Sikkeleri*, Kayseri: Erciyes Üniversitesi Yayınları No:89.

ESER, E. (1998). "Sivas'ta Bir Manifesto: Gök Medrese", *Vakıf ve Kültür*, 1 (1), 27-28.

ESER, E. (2003). "Sivas Manifestosu", *Vakıflar Dergisi*, 3 (2), 23-25.

ESER, E. (2008, Temmuz 1). "Divriği Mucizesi Üzerine", *Divriği Haber*, 8.

ESER, E. (2009). "Asyatik Evren İmgesi: Sekiz Köşeli Yıldız", *KÖK Araştırmalar*, Güz 2005/2, 2007/VII-2, 65-85.

ESER, E. (2012). "Bir Mucizenin Düşündürdükleri", *Hayat Ağacı. Şehir Kültür Dergisi, Özel Sayı*, 55-62.

ESER, E. (2014). "Divriği Kalesi: 2013", *35. Kazı Sonuçları Toplantısı, 27-31 Mayıs 2013, Muğla*, 166-177.

ESER, E. (2014). "Divriği Kalesi Kazısı: 2006-2012", *XVI. Ortaçağ-Türk Dönemi Kazıları ve Sanat Tarihi Araştırmaları Sempozyumu Bildirileri, 18-20 Ekim 2012/Proceedings of the Symposium of Medieval-Turkish Era Excavations and Art History Researches, 18-20th October 2012*, Cumhuriyet Üniversitesi Yayınları, Sivas, 405-420.

EYİCE, S. (1997). "Mescid", *İslâm Ansiklopedisi*, 8, 1-118.

GABRIEL, A. (1934). *Monuments Turcs d'Anatolie*, II, Paris.

GRENARD, M. F. (1891). "Notes Sur les Monuments du Moyen âge Malatia, Divrighi, Siwas, Darendeh, Amasia et Tokat", *Societe Asiatique, XVII*, 549-553.

GÜLSOY, E. (1991). *XVI. Asrın İlk Yarısında Divriği Kazası*, İstanbul: Marmara Üniversitesi, Sosyal Bilimler Enstitüsü, Yayımlanmamış yüksek Lisans Tezi.

HERZFELD, E. (1942). "Damascus: Studies in Architectrure, I", *Ars Islamica, X*, 1-53.

HERZFELD, E. (1954). Matériaux pour un Corpus Inscriptionum Arabicarum, Deuxième Partie : Syrie du Nord, Inscriptions et Monuments d'Alep, *Imprimerie de L'Institut Francais d'Archaéologie Orientale, II*.

HINZ, W. (1949). "Orta Çağ Yakın Şarkına Aid Vergi Kitabeleri", (Çev.F. Işıltan),. *Belleten*, 772-793.

HUART, C. (1901). "Inscriprion Arabe de la Mosquee Seldjoukide de Divrighi-Asie Mineure", *Journal Asiatique, XVIII,*(9), 343-346.

İNAL, G. (1982). "Orta Çağlarda Anadolu'da Çalışan Suriyeli ve Mezopotamyalı Sanatçılar", *Sanat Tarihi Yıllığı, XI*, 83-94.

IŞILTAN, F. (1981). *Bizans Devleti Tarihi*, Ankara.

KANAR, M. (2007). "Nizâmî-i Gencevî", *TDV İslâm Ansiklopedisi*, 33, 183-185.

KARAMAĞARALI, H. (1982). "Konya Ulu Camii", *Rölöve ve Restorasyon Dergisi*, 4, 121-132.

KATİP, Ç. (1729). *Cihannüma, Müteferrika Tabı*, İstanbul.

KUBAN, D. (1982). "Divriği Külliyesi ve Anadolu-Türk Mimarisinin Kaynakları", *Türk ve İslâm Sanatı Üzerine Denemeler*, İstanbul: 59-64.

KUBAN, D. (2001). *Divriği Mucizesi*, İstanbul: Yapı Kredi Yayınları.

MORDTMANN, A. (1925). *Anatolien Skizzen und Reisebriefe aus Kleinasien (1850-1859)*, Hannover, 442.

Nizamî. (1949). *Hüsrev-ü-Şirin* (Çev.Prof.Dr.A.N.Tarhan), İstanbul: Ahmet Halit Kitabevi.

Nizâmi. (2012). *Hüsrev ile Şirin. Şark Klasikleri-Fars Edebiyatı*, (Çev. S. Sevsevil), İstanbul: Kabalcı Yayınevi.

NİZAMÜLMÜLK. (1987). *Siyasetnâme (Siyeru'l-mülük)*, (Çev.N. Bayburtlugil), İstanbul: Dergâh Yayınları.

ORAL, M. Z. (1967). "Harput Ulu Camii Duvarındaki Vergi Kitabesi", *VI. Türk Tarih Kongresi, Ankara 20-26 Ekim 1961, Kongreye Sunulan Bildiriler*, 140-145.

ÖNEY, G. (1969-70). "Sun and Moon Rosettes in the Shape of Human Heads in Anatolian Seljuk Architecture", *Anatolica,*(III), 195-203.

ÖNGE, Y. (1978b). "IV. Divriği Ulu Camii ile Darüşşifası'nda Günümüze Kadar Yapılmış Olan Onarımlar, Değişiklikler ve İlâveler", *Divriği Ulu Camii ve Darüşşifası* (Haz.Y.Önge, İ. Ateş ve S.Bayram), 54-58.

ÖNGE, Y. (1969). "Divriği Ulu Camiinin Hünkâr Mahfeli", *Önasya, 5*(49), 11-12, 22.

ÖNGE, Y. (1978a). "III. Divriği Ulu Cami ve Darüşşifası'ndaki Usta ve Sanatkâr Kitabeleri", *Divriği Ulu Camii ve Darüşşifası* (Haz.Y.Önge, İ. Ateş ve S.Bayram), 51-43.

ÖNGE, Yılmaz ve diğerleri. (1978). *Divriği Ulu Camii ve Darüşşifası*, Ankara: Vakıflar Genel Müdürlüğü Yayınları.

ÖNKAL, H. (1996). *Anadolu Selçuklu Türbeleri*, Ankara: Atatürk Kültür Merkezi.

ÖZKARCI, M. (2001). *Niğde'de Türk Mimarisi*, Ankara: Türk Tarih Kurumu.

PANCAROĞLU, O. (2009). "The Mosque-Hospital Complex in Divrigi: A History of Relations and Transitions", *Anadolu ve Çevresinde Ortaçağ*, 3, 169-198.

PANCAROĞLU, O. (2014). *Great Mosque and Hospital of Divriği. (A Historical Approach)*, Republic of Turkey Ministry of Culture and Tourism Publications, Ankara

RAMSAY, W. (1961). *Anadolu'nun Tarihi Coğrafyası*, (Çev. M. Pektaş), İstanbul.

RITTER, C. (1859). "Divrigi", *Die Erdkunde*, X, 795-799.

SAINT-MARTIN, M. V. (1852). *Description Historique et Geographique de L'Asie Mineure*, II, Paris.

SAKAOĞLU, N. (1971). *Türk Anadolu'da Mengücekoğulları*, İstanbul.

SOURDEL-THOMINE, J. (1965). "Diwriği", *The Encyclopedia of Islam, New Edition*, 340.

SÖNMEZ, Z. (1995). *Başlangıcından 16. Yüzyıla Kadar Anadolu Türk-İslâm Mimarisinde Sanatçılar*, Ankara: Türk Tarih Kurumu Yayınları.

SÖZEN, M. (1970-72). *Anadolu Medreseleri. Selçuklular ve Beylikler Devri, I-II*. İstanbul: İstanbul Teknik Üniversitesi Yayınları.

STRABON. (1969). *Geographica/Coğrafya, XII/II, III (Çev. A. Pekman)*, İstanbul: İ.Ü. Edebiyat Fakültesi.

SÜMER, F. (1945). "Mengücekler", *İslâm Ansiklopedisi*, III, 596-599.

ŞEMSEDDİN, S. (1892). *Kamusu'l Alam. Tarih ve Coğrafya Lügâti*, III, İstanbul: Mihran Matbaası.

TUNCER, O. C. (1978). "Sivas-Divriği Melike Turhan Şifahanesi'ndeki Türbe", *Divriği Ulu Camii ve Darüşşifası*, (Haz.Y.Önge, İ. Ateş, S.Bayram), 155-158.

TUNCER, O. C. (1986). *Anadolu Kümbetleri*, 1, *Selçuklu Dönemi*, Ankara: Güven Matbaası.

TURAN, O. (1981). *Doğu Anadolu'da Türk Devleteri Tarihi*, İstanbul.

TÜKEL YAVUZ, A. (1978). "Divriği Ulu Camisi Hünkâr Mahfeli Tonozu", *Divriği Ulu Camii ve Darüşşifası*, (Haz.Y.Önge, İ. Ateş, S.Bayram), 137-154.

UMAR, B. (1981). *Türkiye'deki Tarihsel Adlar*, İstanbul.

ÜLGEN, A. S. (1962). "Divriği Ulu Camii ve Dar üş-Şifası", *Vakıflar Dergisi*, V, 93-98.

YORKE, V. (1896). "A Journey in the Valley of the Upper Euphrates", *Geographical Journal*, (VIII), 453.

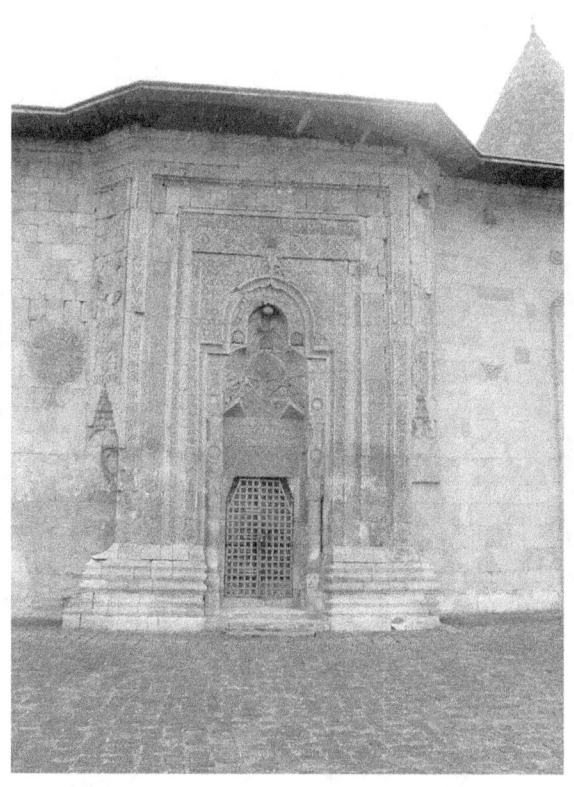

Divriği Ulu Camii, Batı Kapı, Genel Görünüm

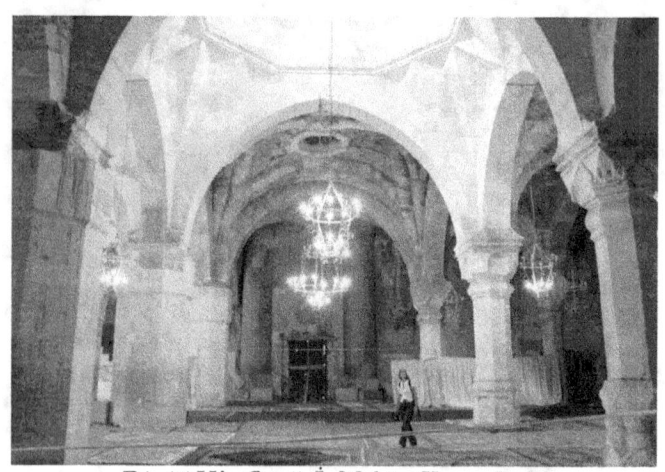

Divriği Ulu Camii, İç Mekân, Kuzeye Bakış

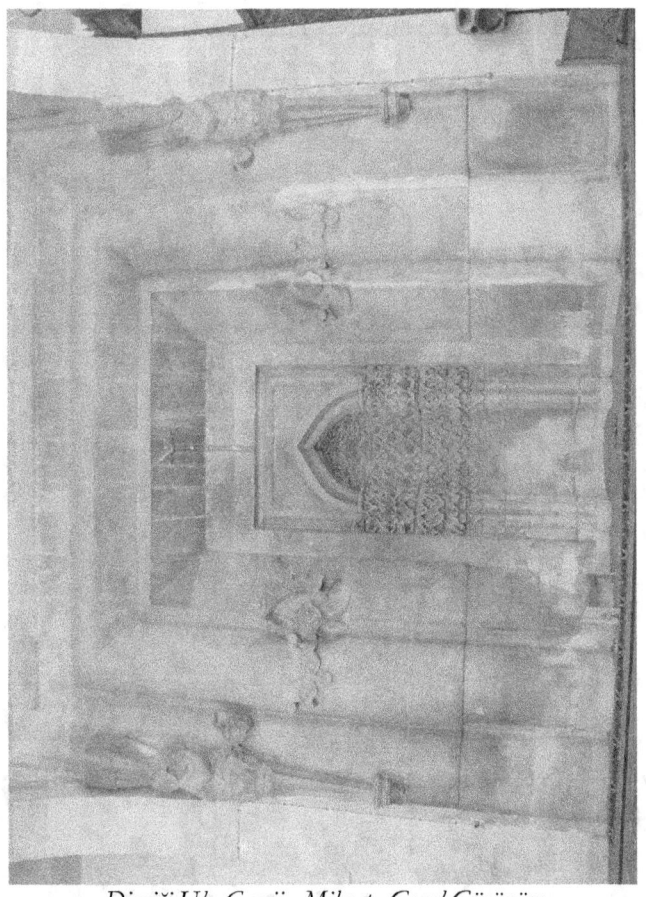

Divriği Ulu Camii, Mihrap, Genel Görünüm

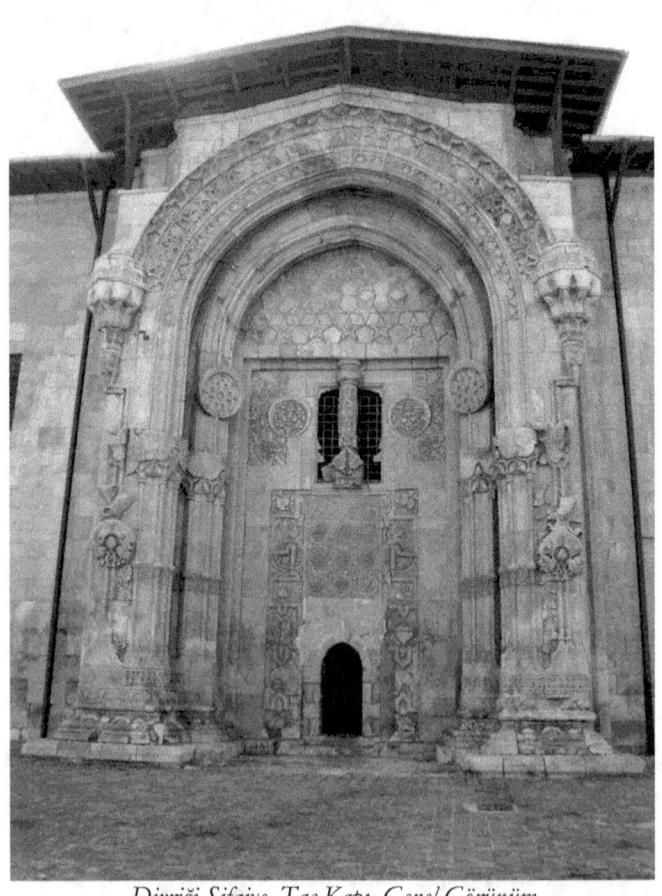

Divriği Şifaiye, Taç Kapı, Genel Görünüm

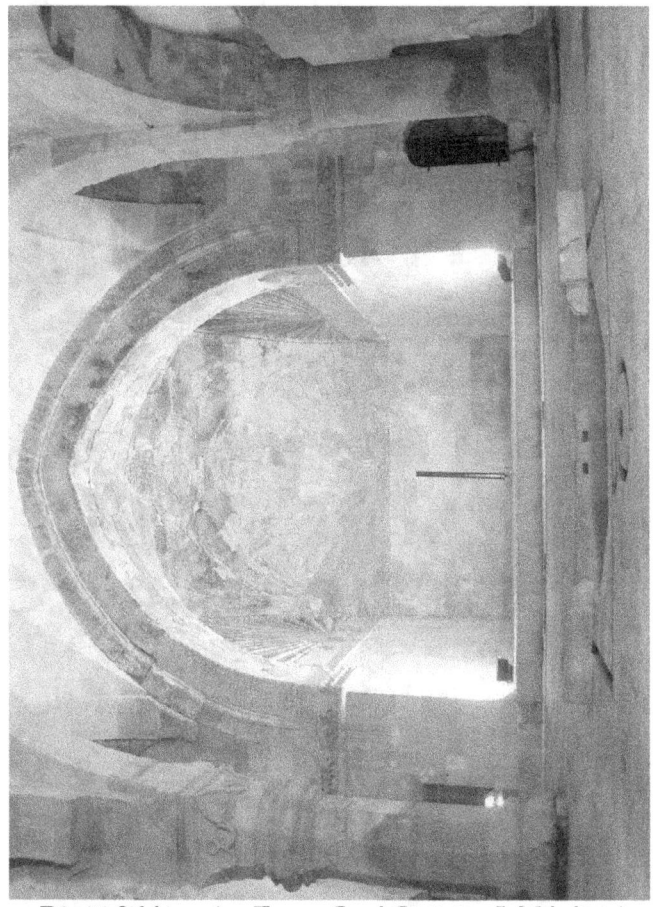

Divriği Şifahiye, Ana Eyvan, Genel Görünüm (I. Mihaljinec)

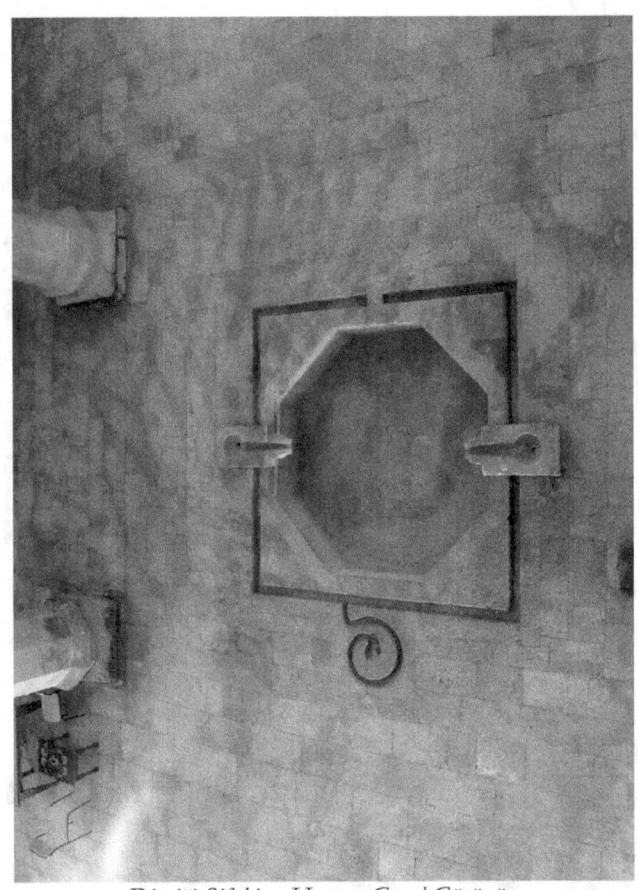

Divriği Şifahiye, Havuz, Genel Görünüm

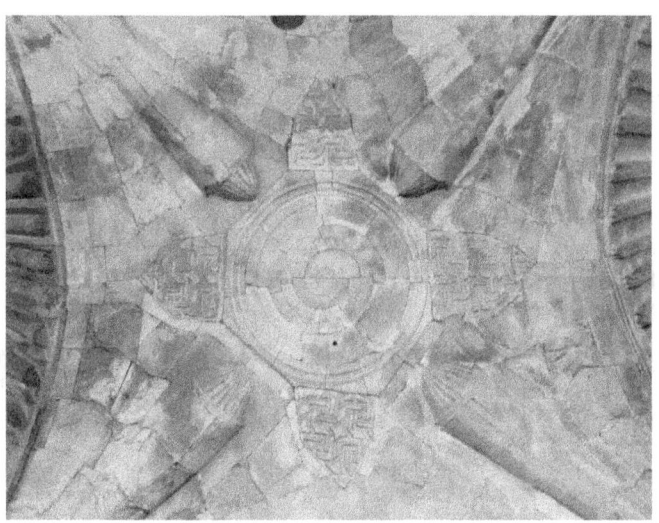

Divriği Şifahiye, Ana Eyvan Tonozu, Genel Görünüm

YAZAR HAKKINDA

Cumhuriyet Üniversitesi Edebiyat Fakültesi Sanat Tarihi Bölümü öğretim üyesi olan yazar, Hacettepe Üniversitesi Edebiyat Fakültesi Arkeoloji-Sanat Tarihi Bölümü'nden mezun olmuş ve Yüksek Lisans-Doktora eğitimini de aynı üniversitede tamamlamıştır. Halen Divriği Kalesi Kazısını yürüten Prof. Dr. Erdal Eser'in, alanında yayımlanmış çeşitli makaleleri bulunmaktadır.